Die Synthese von Physik und Magie

Skizze eines einheitlichen Weltbildes

Inhaltsverzeichnis

A Das Bewußtsein

B Strukturen und Dynamiken

4

A Das Bewußtsein

Es gibt mehrere große Themen, die eingehend betrachtet werden müssen, damit man zu einem einheitlichen Weltbild gelangen kann – eins von ihnen ist das Bewußtsein.

I Zwei Sichtweisen

Die naturwissenschaftliche Weltsicht und die magische Weltsicht sind sehr verschieden. Während jedoch kaum ein Magier die naturwissenschaftlichen Forschungsergebnisse und ihre technische Anwendungsmöglichkeiten abstreiten wird (die meisten Magier haben einen Führerschein ...), wird das magische Weltbild aus der Sicht der Naturwissenschaftler nur in seltenen Fällen ernst genommen.

Solange man keine Erlebnisse gehabt hat, die die Existenz magischer Zusammenhänge und Wirkungen eindeutig beweisen, gibt es auch keinen Grund, das magische Weltbild ernst zu nehmen. Wenn man jedoch sowohl einen Führerschein hat als auch telepathisch einen verlorenen Autoschlüssel wiederfinden kann, entsteht irgendwann das Bedürfnis nach einem Weltbild, das beide Aspekte, also die Naturwissenschaften und die Magie umfaßt.[1]

Naturwissenschaften und Magie		
Naturwissenschaften	<== ???==>	Magie

---

1 Kurze Anleitungen zum sicheren und einfachen Nachweis von Telepathie und Telekinese sowie der Astrologie finden sich in meinen Büchern „Telepathie für Anfänger", „Telekinese für Anfänger" und „Astrologie für Anfänger".

6

I 1. Physik und Magie

Die Grundlage der Naturwissenschaften ist die Physik. Aus ihr ergeben sich schritt-weise die Gesetzmäßigkeiten der Chemie, der Biologie, der Medizin, der Psychologie, der Ökonomie, der Ökologie und der Politik – die Wissenschafts-Pyramide.

Die Magie hat keine solche innere Stufenordnung mit einem bestimmten Prinzip als Fundament, es sei denn, man würde Wille, Imagination und Analogien als diese Grundlage auffassen. Diese drei Dinge erscheinen in allen magischen, spirituellen, okkulten und esoterischen Handlungen in verschiedener Interpretation, Bewertung und Mischung.

Um ein vereinheitlichtes, also einheitliches Weltbild zu erschaffen, das sowohl die Naturwissenschaften als auch die Magie umfaßt, ist es also vor allem notwendig, Physik und Magie zu vergleichen – die anderen Naturwissenschaften kann man erst einmal weitgehend außen vor lassen, da sie auf der Physik aufbauen. Allerdings lassen sich auch bei den anderen Naturwissenschaften Bezüge zur Magie finden.

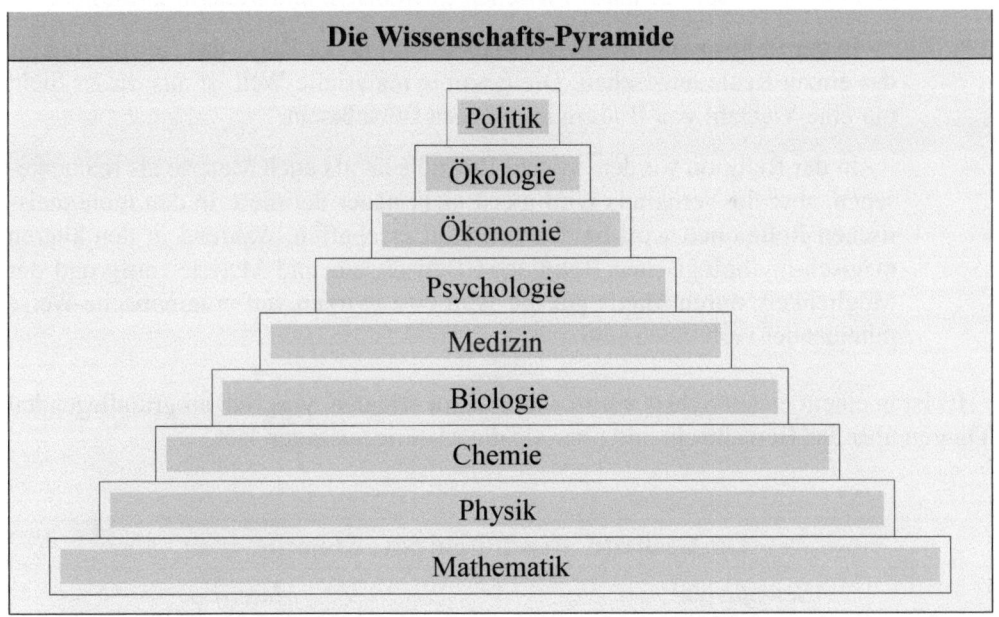

7

I 2. Bewußtsein und Materie

Die Erkenntnisse der Physik ergeben sich aus der Betrachtung der Materie – die Erkenntnisse der Magie ergeben sich hingegen aus der Betrachtung der Wirkungsmöglichkeiten des Bewußtseins. Daraus folgt, daß ein einheitliches Weltbild auch die Frage nach dem Verhältnis zwischen Bewußtsein und Materie in einer überzeugenden und einleuchtenden Weise klären muß.

Bislang stehen Bewußtsein und Materie in unserem Weltbild ein wenig bezugslos nebeneinander:

> - In den Naturwissenschaften einschließlich der Psychologie wird das Bewußtsein ein Nebeneffekt der Materie angesehen, der keinerlei Eigendynamik hat – jegliche Struktur und Dynamik des Bewußtseins ergibt dieser Sicht zufolge aus der Struktur und der Dynamik der Materie.
> Lediglich C.G. Jung und Wilhelm Reich haben das Bewußtseins als etwas Eigenständigeres aufgefaßt. Allerdings haben auch sie kein umfassendes Modell für den Zusammenhang zwischen Bewußtsein und Materie formuliert.

> - In der Philosophie und in der Mystik wird in der Regel das Bewußtsein als das einzig Reale angesehen. Die gesamte materielle Welt ist aus dieser Sicht nur eine Vielzahl von Bildern im eigenen Bewußtsein.

> - In der Religion werden sowohl Bewußtsein als auch Materie als real angesehen, aber ihr Verhältnis wird meist nicht näher definiert. In den monotheistischen Religionen wird beides von Gott erschaffen, während in den älteren magisch-mythologischen Religionen Bewußtsein und Materie aufgrund der Möglichkeit, durch Magie auf die Welt einzuwirken, auf pragmatische Weise miteinander verbunden sind.

Es ist in einem ersten Schritt somit sinnvoll, zu schauen, was sich an grundlegenden Dingen über das Bewußtsein und über die die Materie aussagen läßt.

Die Realität: Bewußtsein oder Materie?	
Bewußtsein	*Materie*
Philosophie/Mystik	Wissenschaft
Magie	

8

I 2. a)   Innen und Außen

Der offensichtlichste Unterschied zwischen Bewußtsein und Materie ist, daß das Bewußtsein innen ist und die Materie außen.

Die Naturwissenschaften halten das Außen für real und sehen das Innen als eine Folge des Außen an; die Philosophie und die Mystik sehen das Innen als real an und fassen das Außen als ein Bild im Innen auf; die Magie sieht beides als real an, aber kümmert sich fast ausschließlich um die Möglichkeiten der Einflußnahme des Innen auf das Außen.

Aus diesen drei Sichtweisen ergeben sich wichtige Folgerungen: Die Naturwissenschaften verändern Zustände immer von außen her; die Philosophie, die Mystik und die Magie verändern Zustände immer von innen her.

I 2. b)   Direkter und indirekter Zugriff

Mit dem „Innen und Außen" ist eng die Art des Zugriffs auf die Welt verbunden, die sich bei den verschiedenen Möglichkeiten markant unterscheidet:

- Wenn man von innen her handelt, hat man einen direkten Zugriff: Ich kann aufstehen und mir ein Glas Apfelsaft holen und trinken, wenn ich Durst habe. Ich kann von meinem Bewußtsein aus meinen Körper direkt bewegen.

- Wenn man von außen her handelt, muß man andere Dinge bewegen: Ich hole einen Spaten, wenn ich ein Loch graben will, um einen Apfelbaum zu pflanzen – ich kann die Erde nicht direkt durch mein Bewußtsein aus dem Loch herausholen, so wie ich z.B. meine Augen öffnen kann. Stattdessen benutze ich meine Arme und Hände, die ich direkt bewegen kann, um mit ihnen die Erde indirekt zu bewegen.

Der Bereich des direkten Zugriffs ist der eigenen Körper – wobei das Bewußtsein eines Menschen verschieden gut darin geübt sein kann, die Vorgänge in dem eigenen Körper zu erfassen und ihn den eigenen Vorstellungen zufolge zu bewegen.

- Recht komplex wird die Angelegenheit, wenn man versucht, Zugriff auf einen anderen Menschen zu erhalten, da dieser Mensch natürlich auch seinen eigenen Willen hat und daraus dann evtl. ein Willenskampf entsteht.

Eine meistens freiwillige Version dieses Versuchs einer „feindlichen Übernahme" eines anderen Körpers durch den Willen ist die Hypnose und insbesondere die Fernhypnose, bei der der Hypnotiseur und der Hypnotisierte mehrere Kilometer voneinander entfernt sein können.

- Ein großer Teil der Magie besteht darin, daß man den Bereich des direkten Zugriffs über den eigenen Körper hinaus ausweitet – man macht sozusagen die ausgewählten anderen Dinge zu einem erweiterten Teil des eigenen Körpers.

Durch diesen direkten Zugriff auf andere Menschen und Dinge werden dann Telepathie, Hypnose und Telekinese sowie Magie im Sinne der Lenkung des Zufalls möglich.

I 2. c)   Freiheit und Determinismus

Die Frage „Freiheit oder Schicksal" ist eines der am häufigsten diskutierten Themen. Zu dieser Frage kann man recht verschiedene Standpunkte vertreten:

- Dadurch, daß die Physik die Welt als Zusammenspiel fast unendlich vieler Atome betrachtet, beschreibt das physikalische Weltbild die Regeln dieses Zusammenwirkens der Atome. Daraus ergibt sich ein deterministisches Weltbild: Die Eigenschaften der an einem Prozeß beteiligten Teilchen bestimmen vollständig den Prozeß – wenn man alles über den augenblicklichen Stand der Dinge weiß, kann man genau vorhersagen, wie sich der Stand der Dinge weiterentwickeln wird.

- Die Mystik geht von Gott aus, d.h. sie leitet die gesamte Existenz aus Gott ab. Da Gott das Eine-Einzig-Alles ist und es kein zweites neben ihm gibt, ist Gott frei – es gibt schließlich nichts, was ihn in irgendeiner Weise einschränken könnte.

Daraus ergibt sich, daß jeder Mensch, wenn es ihm gelingt, in sich selber Gott als den eigenen Ursprung wiederzufinden, auch selber diese ursprüngliche Freiheit erlangt.

- Die Philosophie geht von dem Bewußtsein des Menschen aus. Die Richtungen in der Philosophie, die das Bewußtsein als das einzig Reale ansehen, messen diesem Bewußtsein auch eine vollkommene Freiheit zu, da es eben das einzig Reale ist.

- Die Magie geht davon aus, daß der Mensch durch sein Bewußtsein direkt auf äußere Vorgänge zugreifen kann. Das Ausmaß, in dem dies möglich ist, wird von den verschiedenen Magie-Richtungen sehr unterschiedlich eingeschätzt – und es wird auch ein sehr unterschiedliches Ausmaß an Macht angestrebt.

Man kann die Magie auch als die Freiheit von den Naturgesetzen auffassen. Innerhalb des Freiheit/Determinismus-Gegensatzes entsteht diese „Magie-Freiheit" dadurch, daß der Magier den Zugang zu der Freiheit gefunden hat.

Je nach Weltbild liegt diese „innere Freiheit", die er wiedergefunden hat, in sich selber oder in Gott als dem Ursprung aller Dinge.

Die Beurteilung der menschlichen Freiheit bzw. Nicht-Freiheit wird je nach Weltbild sehr verschieden eingeschätzt.

Es gibt bei dieser Frage auch noch den Aspekt, daß selbst in einem Weltbild, in dem alles vollkommen festgelegt ist, das eigene Ich (die eigene Psyche) ein Teil der Welt ist und folglich die Entwicklung dieser Welt mitprägt. Man hat also auch ohne vollkommene Freiheit einen Gestaltungseinfluß in der Welt.

I 3. Zwei Aspekte derselben Welt

Bei der Entwicklung eines einheitlichen Weltbildes steht man vor der Aufgabe, die beiden grundlegenden Aspekte der Welt, also Bewußtsein und Materie, in einen schlüssigen Bezug zueinander zu setzen.

I 3. a) Der Gegensatz

Die Betrachtungen in dem vorigen Kapitel haben gezeigt, das es mehrere Eigenschaften gibt, in denen sich Bewußtsein und Materie voneinander unterscheiden.

Diese Unterschiede sind für die Entwicklung eines einheitlichen Weltbildes von großer Bedeutung:

Bewußtsein und Materie		
Thema	*Gegensatz*	
	Bewußtsein	*Materie*
Ort	Innen	Außen
Zugriff	direkter Zugriff	indirekter Zugriff
Freiheit	frei	determiniert
Kenntnisse	Philosophie, Mystik, Magie	Physik, Naturwissenschaften

Die Weltsichten, die sich aus der Innen-Zentriertheit bzw. aus der Außen-Zentriertheit ergeben, sind sehr verschieden – sie sind geradezu gegensätzlich …

I 3. b) Eine erste Skizze

Um zu einem einheitlichen Modell zu gelangen, kann man zunächst einmal eine Skizze anfertigen, in der alle bekannten Phänomene einen schlüssigen Platz haben. Dabei wird vorausgesetzt, daß man genügend Erlebnisse mit der Magie gehabt hat, um sich sicher sein zu können, daß sie wirklich existiert und eine reale und

12

wirkungsvolle Handlungsmöglichkeit ist.

Man kann mehrere Punkte festhalten, die in dieser ersten Skizze des einheitlichen Weltbildes enthalten sein sollten:

- <u>Die Materie wirkt auf die Materie</u>: Regen fällt auf die Erde und sie wird naß.

- <u>Die Materie wirkt auf das Bewußtsein</u>: Ich sehe ein Auto auf der Straße fahren und warte mit dem Überqueren der Straße.

- <u>Das Bewußtsein wirkt auf die eigene Materie</u>: Ich bewege meinen Arm und ergreife einen Apfel.

- <u>Das Bewußtsein wirkt auf fremde Materie</u>: Telekinese und das „Lenken des Zufalls".

- <u>Das Bewußtsein wirkt auf das eigene Bewußtsein</u>: Denken, Selbsterkenntnis, Meditation usw.

- <u>Das Bewußtsein wirkt wahrnehmend auf ein anderes Bewußtsein</u>: Telepathie.

- <u>Das Bewußtsein wirkt wahrnehmend auf andere Materie</u>: Telepathie.

- <u>Das Bewußtsein wirkt prägend auf ein anderes Bewußtsein</u>: Hypnose und Telekinese.

- <u>Das Bewußtsein wirkt prägend auf andere Materie</u>: Telekinese.

Der Grundgedanke, durch den man diese Phänomene in ein einheitliches Bild bringen kann, ist, daß das Bewußtsein und die Materie zwei Seiten derselben Sache sind. Das bedeutet, daß das Innen dem Außen entspricht.

Das ist zumindestens ein plausibler Ansatz, da es ja unzweifelbar ist, daß ein Mensch sowohl einen Körper als auch ein Bewußtsein hat und beide eng miteinander verknüft sind.

In der folgenden Übersicht sind die verschiedenen Vorgänge von Person 1 auf der linken Seite aus betrachtet worden.

13

Skizze: „Innen = Außen"			
Bewußtsein 1		Telepathie, Hypnose →	Bewußtsein 2
		Telekinese →	→→→→→↓
eigene Handlung ↓	↑ eigene Wahrnehmung		Telekinese ↓
Materie 1		physische Wirkung →	Materie 2

Die Telekinese erscheint in dieser ersten Skizze als eine Erweiterung des eigenen Bewußtseins auf den Gegenstand, den man bewegen will. Da der Gegenstand dadurch sozusagen vorübergehend zu einer Erweiterung des eigenen Körpers wird, kann man ihn dann bewegen. Die Telekinese hat daher zwei Pfeile: „Bewußtsein 1 → Bewußtsein 2 → Materie 2".

Diese erste Skizze erklärt natürlich noch nicht viel – sie ist zunächst einmal nur der Versuch, alle beobachteten Phänomene in einer einfachen Graphik zusammenzufassen.

II Der Übergang zwischen Bewußtsein und Materie

Der interessante Punkt an den bisherigen Betrachtungen ist natürlich der Übergang zwischen Bewußtsein und Materie. Was geschieht dort? Was ist dort möglich? Welche Strukturen und Dynamiken finden sich dort?

Dieser Bereich ist bisher noch nicht allzugründlich erforscht worden.

II 1. Innen = Außen

Was geschieht zwischen Innen und Außen, zwischen direktem und indirektem Zugriff, zwischen Freiheit und Determiniertheit? Dort gelangt das Innere nach Außen, dort gelangt das Individuelle in das Allgemeine und dort gelangt das Freie in das Geformte ... das scheint ein kreativer, schöpferischer, künstlerischer Vorgang zu sein.

Im Innen ist die Vision, der Wunsch, der Wille – im Außen ist das Erschaffene, das Ergebnis, der Gegenstand. Dieser Übergang scheint das zu sein, was Leben ausmacht: Die eigenständige Gestaltung des eigenen Lebens, die Selbstbestimmtheit, die Selbstentfaltung.

Gäbe es nur das Innen, gäbe es kein Erleben von sich selber in der Welt. Gäbe es nur das Außen, gäbe es nur bewußtlose Maschinen. Da es jedoch beides gibt und beides miteinander verbunden ist, gibt es auch die Magie, die im Wesentlichen ein schöpferischer Akt zu sein scheint.

Innen = Außen
Innen: Bewußtsein (frei, direkter Zugriff)
Übergang: Bewußtsein und Materie sind aneinander gekoppelt
Außen: Materie (determiniert, indirekter Zugriff)

15

II 2. Die Lebenskraft

Der Übergangsbereich zwischen Bewußtsein und Materie wird als Lebenskraft erlebt und beschrieben. Meist wird diese Kraft als eine nebelhafte Substanz aufgefaßt, die man optisch als einen milchigweißen Nebel mit einem leichten Blauschimmer wahrnehmen kann und den man von seinem Körper aus als Wärme und Hitze und als leicht elektrisches Prickeln spüren kann.

Diese Wahrnehmungen bedeuten nicht, daß es eine milchigweiße, warme Lebenskraft gibt, sondern nur, daß das Bewußtsein diesen Übergang zwischen Bewußtsein und Materie in dieser Form sieht, d.h. daß das Bewußtsein diesen Übergang in diese optischen und thermischen Bilder übersetzt, um ihnen eine Gestalt zu geben.

Zum einen wird diese Lebenskraft durch die Materie geprägt, zu der sie gehört – zum anderen wird sie aber auch durch das Bewußtsein geprägt, zu dem sie gehört. Das Prägen der Lebenskraft durch das Bewußtsein ist das, was einen großen Teil der Magie ausmacht. Die beiden Hilfsmittel dabei sind die Konzentration und die Imagination – man lenkt den eigenen Willen auf das Bild von dem, was man erreichen will. Die Konzentration bzw. der Wille ist der Fokus des Bewußtseins, seine Ausrichtung – das imaginierte Bild ist ein Bewußtseinsinhalt, das Ziel.

Wenn das Bewußtsein die Materie formen will oder auch nur den eigenen Leib bewegen will, geschieht dies, indem sich das Bewußtsein auf das erwünschte Ziel ausrichtet – egal, ob das das Aufstehen vom Stuhl ist, das Herbeirufen einer Beziehung oder das telekinetische Bewegen einer Feder.

Lebenskraft
Innen: Bewußtsein (frei, direkter Zugriff)
Übergang: „Lebenskraft" (Koppelung von Bewußtsein und Materie aneinander)
Außen: Materie (determiniert, indirekter Zugriff)

16

II 3.   Die Stufen-Modelle

Es gibt viele Modelle, die den Weg von der Materie zum Bewußtsein beschreiben – im allgemeinen stammen diese Beschreibungen aus den verschiedenen Richtungen der Mystik und werden in der Form des Weges von der Erde zu Gott dargestellt.

II 3. a)   Der Lebensbaum

der Lebensbaum

Der Lebensbaum aus der Kabbala, also aus der jüdischen Mystik, ist ein System aus 11 Bereichen, 22 Verbindungen, 3 Dreiecken zwischen diesen Bereichen sowie 4 Übergängen zwischen den einzelnen Abschnitten in dieser Graphik.

Dieses recht komplexe System ist eine in sich logische Form, die sich aus einfachen Grundprinzipien herleiten läßt.

Daher kann man diese 40-teilige Struktur in allen Dingen als inneren Aufbau wiederfinden – angefangen von einem Einzeller und einem Menschen über einen Staubsauger und ein Auto bis hin zu der Deutschen Verfassung und der Evolution als Ganzes.

Dieses System ist zwar als „Weg zu Gott" ersonnen worden, aber es ist universell anwendbar.[2]

Die wichtigsten fünf Stufen dieses Weges sind:

Gott (im Diagramm: „1")
Götter (im Diagramm: „D")
Seele (im Diagramm: „6")
Lebenskraft (im Diagramm: „9")
Körper (im Diagramm: „10"),

Diese fünf Stufen werden auch „Mittlere Säule" genannt.

Die genannten vier Übergänge liegen zwischen diesen fünf Bereichen (im Diagramm: graue Querbalken).

---

2   Eine ausführliche Darstellung findet sich in meinen drei Büchern „Blüten des Lebensbaumes – Band I, II und II".

17

II 3. b) Die Mittlere Säule

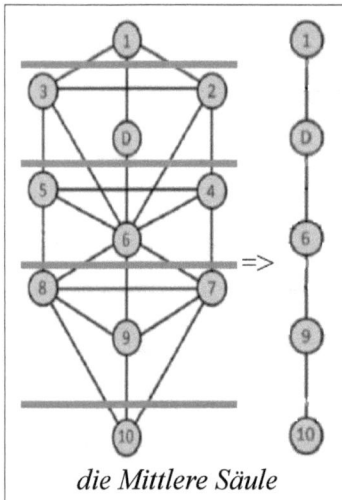

die Mittlere Säule

Die Mittlere Säule ist eine Meditation bzw. ein Ritual, das von dem Lebensbaum abgeleitet worden ist und nur die fünf grundlegenden Abschnitte berücksichtigt: Körper, Lebenskraft, Seele, Götter, Gott. Sie entsprechen der mittleren der drei Säulen der Lebensbaum-Graphik.

Diese fünf Bereiche werden als farbig leuchtende Kugeln im Körper imaginiert: eine weiße Kugel über dem Kopf, also am Scheitelchakra (1 = Gott); eine regenbogenfarbene Kugel im Hals/Kopf (D = Götter); eine goldene Kugel in der Brust, d.h. im Herzchakra (6 = Seele); eine violette Kugel im Unterleib (9 = Lebenskraft); und eine braune Kugel unter den Füßen, d.h. unter den Fußchakren (10 = Körper).

II 3. c) Der Rosenweg

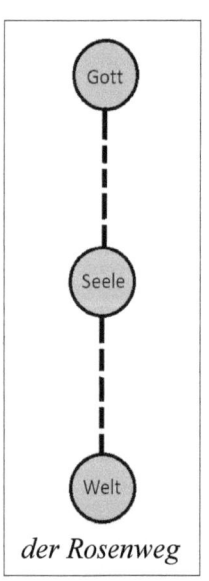

der Rosenweg

Der Rosenweg ist die Entsprechung zum Lebensbaum in der islamischen Mystik. Auch er beginnt mit dem Körper und endet mit Gott und auch auf ihm begegnet man auf der Hälfte des Weges der eigenen Seele.

Der Rosenweg ist weniger systematisch strukturiert als der Lebensbaum und es gibt verschiedene Versionen von ihm. Diese Varianten unterscheiden sich hauptsächlich in der Anzahl der einzelnen Schritte auf diesem zweiteiligen Weg.

18

II 3. d) Das Lamrim

Auch im Buddhismus gibt es eine derartige „Mystik-Landkarte". Ihr Name bedeutet übersetzt „Stufen-Weg". Sein Anfang ist wieder der Körper, sein Ende ist hingegen die Erleuchtung („Nirvana"), weil es im Buddhismus keine oberste Gottheit gibt.

Da im Buddhismus die Vergänglichkeit der Seele betont wird, wird ihre Erkenntnis auf der Mitte des Weges nicht besonders hervorgehoben.

II 3. e) Visionen

Die fünf grundlegenden Bereiche auf dem Weg von der Materie/Körper zum Bewußtsein/Gott werden deutlich verschieden erlebt. Auch die Art ihrer optischen Wahrnehmung ist mit ein wenig Übung leicht unterscheidbar.

Da diese Unterschiede bei einem Verständnis des Verhältnisses von Bewußtsein und Materie hilfreich sein könnten, werden sie hier ausführlicher beschrieben:

Die Stufen des Weges auf der „Mittleren Säule"		
Stufen	*Name*	*Wahrnehmung*
Gott	Kether	nicht unterteiltes, gleißend-weißes Licht oder glänzende Schwärze
Übergang	*letzter Schritt*	*aufwärts: zur Ruhe kommen, Fülle („Einheit") abwärts: Schöpfungsimpuls („Lichtsturm")*
Gottheiten	Da'ath	Konturen im Licht; keine Abgrenzungen, sondern verschiedene Qualitäten
Übergang	*Abgrund*	*Weitung der Perspektive, Auflösung aller Abgrenzungen*
Seele	Tiphareth	von innen her leuchtende, meist unbewegte Bilder
Übergang	*Graben*	*sehr scharfe Konturen, die von innen her leuchten; ständig fließende Formen*
Lebenskraftkörper	Yesod	farblose, leicht kolorierte Konturen in einem allgemeinen, leicht leuchtenden Nebel
Übergang	*Schwelle*	*still werden, sich nach innen richten, etwas spüren*
Körper	Malkuth	normale äußere optische Wahrnehmung mit den Augen

Als neues Element wird hier deutlich, daß die Materie differenziert ist und aus vielen einzelnen, voneinander abgegrenzten Elementen besteht (äußere Wahrnehmung), während das Bewußtsein eine Einheit ist (gleißend-weißes, nicht unterteiltes Licht).

Die Seele in der Mitte zwischen diesen beiden Endpunkten des Weges hat Eigenschaften von beidem: Sie ist zum einen differenziert und hat verschiedene Qualitäten und sie ist zum anderen mit vielem anderem verbunden.

II 3. f)   Die Bewußtseinsformen

Wenn man das Wesen des Bewußtseins verstehen will, ist es hilfreich, auch die verschiedenen Formen zu betrachten, in denen das Bewußtsein auftreten kann.

- Am bekanntesten ist sicherlich das Wachbewußtsein, das gerade diese Zeilen liest. Dieses Bewußtsein koordiniert die Bewußtseinsinhalte, die für die augenblickliche Situation relevant sind – alle anderen Wahrnehmungen und Erinnerungen werden ausgeblendet.

Das Wachbewußtsein ist wie ein Büro, in dem fleißig an den aktuellen Aufgaben gearbeitet wird.

- Dann gibt es das Unterbewußtsein, das man im Traum erleben kann. In ihm befinden sich alle Wahrnehmungen und Erinnerungen.

Das Unterbewußtsein, das auch Traumbewußtsein genannt wird, es ist wie ein großes, gut geordnetes Archiv.

- Weiterhin gibt es den Ekstasezustand, der den meisten vor allem als Orgasmus und als Panik bekannt sein wird. Dieses Bewußtsein ist auf ein einziges Objekt einsgerichtet.

Dieses Bewußtsein ist wie eine helle Bürotisch-Lampe, die nur ein einziges Ding beleuchtet – das, was gerade existentiell wichtig ist.

- Schließlich gibt es noch das Tiefschlafbewußtsein, das am unbekanntesten sein wird – ganz einfach deshalb, weil es das Bewußtsein selber ohne Inhalte ist, die man betrachten könnte. Die direkte Wahrnehmung dieses Bewußtseins ist vor allem in der Stille-Meditation möglich, in der nur noch das Bewußtsein da ist, das sich seiner selber bewußt ist, aber keinerlei sonstigen Inhalte hat.

Das Tiefschlafbewußtsein ist wie das Papier, auf das die ganzen Bewußtseinsinhalte gemalt werden.

Das Tiefschlafbewußtsein ist wie ein Haus; das Unterbewußtsein ist wie ein Archiv in diesem Haus; das Wachbewußtsein ist wie ein Büro in diesem Haus, das einen Zugang zu dem Archiv hat; das Ekstase-Bewußtsein ist wie die Lampe auf dem Schreibtisch in diesem Büro, das eine einzige Sache intensiv beleuchtet.

- Dann gibt es noch das kollektive Unterbewußtsein. Dies ist die telepathische Verknüpfung der Archive aller Häuser in einer Stadt, also des Unterbewußtseins aller Menschen miteinander.

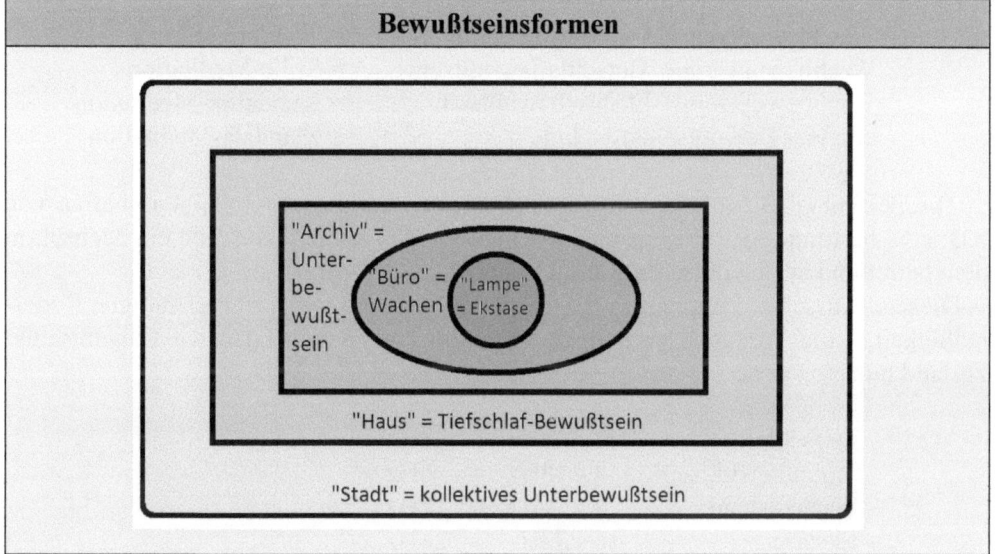

Diese Bewußtseinsformen entsprechen den unteren drei Abschnitten der Mittleren Säule, also des Weges vom Körper bis zur Seele und somit der ersten Hälfte dieses Weges, der sich im Menschen selber befindet.

- Das Wachbewußtsein entspricht auf der Mittleren Säule Malkuth, also dem Alltagsbewußtsein, dem Körper, der Materie, der „normalen" optischen Wahrnehmung der Welt.
- Das Ekstasebewußtsein ist auf der Mittleren Säule nicht gesondert verzeichnet – es ist ein Aspekt von Malkuth.

- Das Traumbewußtsein entspricht auf der Mittleren Säule Yesod, also der Lebenskraft, der Psyche, dem Astralkörper, der nebelhaften inneren Wahrnehmung der Welt.

21

- Das kollektive Unterbewußtsein besteht aus den telepathisch gekoppelten Unterbewußtseinen der einzelnen Menschen.

- Das Tiefschlafbewußtsein entspricht auf der Mittleren Säule Tiphareth, also der Seele, der Wahrnehmung von einfachen Bildern und Symbolen, die von innen her leuchten und die sich in der Regel nicht bewegen.

In der Meditation werden verschiedene Formen des Bewußtseins miteinander gekoppelt:

Wachbewußtsein + Unterbewußtsein	= Traumreise
Wachbewußtsein + Tiefschlafbewußtsein	= Stille-Meditation
Wachbewußtsein + Ekstasebewußtsein	= Kundalini-Meditation
alle vier Bewußtseinszustände	= Mandala-Meditation

Die bekannten Bewußtseinsformen haben noch einige weitere Eigenschaften wie z.B. eine bestimmte EEG-Frequenz, die man messen kann, wenn sich ein Mensch in dem betreffenden Bewußtseinszustand befindet.

Diese elektrischen Frequenzen im Gehirn (EEG) sind von einer auffälligen Regelmäßigkeit – die Frequenz verdoppelt sich von einem zum nächsten Bewußtseinszustand hin:

- Tiefschlaf:	2 - 4Hz	$\approx$	3Hz
- Traumbewußtsein:	4 - 8Hz	$\approx$	6Hz
- Wachzustand:	8 - 16Hz	$\approx$	12Hz
- Ekstase:	16 - 32Hz	$\approx$	24Hz

In der Meditation werden diese Frequenzen ineinandergefügt:

- zwei Schwingungen der Ekstase in eine Schwingung des Wachbewußtseins

- zwei Schwingungen des Wachbewußtseins in eine Schwingung des Traumbewußtseins

- zwei Schwingungen des Traumbewußtseins in eine Schwingung des Tiefschlafbewußtseins

Dieses „Dinge ineinander fügen" ist auch das Grundgefühl beim Anstreben des meditativen Zustandes – und das Gefühl beim Erreichen dieses Zustandes ist eine größere innere Ordnung und Harmonie.

In der folgenden Übersicht sind die „Wellenlängen" der verschiedenen Bewußtseinsarten dargestellt – einmal unkoordiniert wie beim normalen Bewußtsein und einmal wie in tiefer Meditation vollkommen koordiniert.

Eine doppelt so hohe Frequenz entspricht einer halb so langen Wellenlänge – ein doppelt so hoher Ton hat eine doppelt so hohe Frequenz und eine halb so lange Wellenlänge.

Die Koordination der Bewußtseins-Rhythmen in der Meditation

unkoordinierter Rhythmus (Normalbewußtsein)

Tiefschlaf

Traum

Wachen

Ekstase

koordinierter Rhythmus (Meditation)

Tiefschlaf

Traum

Wachen

Ekstase

Die Übergänge zwischen den unkoordinierten Bewußtseinsformen bilden Bewußtseinsschwellen – das eine Bewußtsein hat keinen direkten Zugang zu dem anderen, weil es anders schwingt. Durch Rhythmus, Mantren, Singen, Konzentration u.ä. Methoden werden die Rhythmen des Bewußtseins aufeinander eingestimmt, wodurch sich die Bewußtseinsschwelle auflöst und das Bewußtsein sich erweitern kann. Meditation ist also ganz schlicht die Herstellung einer Resonanz zwischen den Schwingungen von zwei Bewußtseinsformen.

Entsprechend des Weges von der Materie (Körper) zum umfassenden Bewußtsein (Gott), der u.a. von der Mittleren Säule beschrieben wird, müßte es noch zwei weitere Bewußtseinsformen geben, die dem Bereich der Gottheiten („Da'ath") und dem Bereich der Einheit bzw. Gottes („Kether") entsprechen.

23

In der folgenden Übersicht sind die wichtigsten Eigenschaften all dieser Bewußtseinszustände noch einmal aufgeführt:

Die Stufen des Weges auf der „Mittleren Säule"					
Stufen	*Name*	*Bewußtsein*	*Anzahl der Bewußt- seinsinhalte*	*Frequenz*	*Wahrnehmung*
Gott	Kether	(Einheit mit Gott)	(alles)	0,75Hz (?)	gleißend weißes Licht oder glänzende Schwärze
Übergang	*letzter Schritt*				*aufwärts: zur Ruhe kommen, Fülle („Einheit"); abwärts: Schöpfungsimpuls („Lichtsturm")*
Gottheiten	Da'ath	(Invokation einer Gottheit)	(alle in Bezug auf eine Gottheit)	1,5Hz (?)	Konturen im Licht, keine Abgrenzungen, sondern verschiedene Qualitäten
Übergang	*Abgrund*				*Weitung der Perspektive, Auflösung aller Abgrenzungen*
Seele	Tiphareth	Tiefschlaf-Bewußtsein	keine	3 Hz	von innen her leuchtende, meist unbewegte Bilder
Übergang	*Graben*				*sehr scharfe Konturen, von innen her leuchten, ständig fließende Formen*
Lebens- kraft- körper	Yesod	Traum- bewußtsein	alle in der Psyche	6Hz	farblose, leicht kolorierte Konturen in einem allgemeinen, leicht leuchtenden Nebel
		kollektives Unter- bewußtsein	alle einer Menschen- gruppe		
Übergang	*Schwelle*				*still werden, sich nach innen richten, etwas spüren*
Körper	Malkuth	Wach- bewußtsein	die für die Situation relevanten	12Hz	normale äußere optische Wahrnehmung mit den Augen
		Ekstase	einer	24Hz	

24

Diese Betrachtungen zu dem Übergang von der Materie zum Bewußtsein zeigen gleich mehrere Dinge:

- Der Übergang ist keine scharfe Grenze, sondern ein differenzierter Bereich, an dem detailreiche Prozesse ablaufen.

- Der Übergang ist zusammenhängend und kann in Schritte unterteilt werden wie u.a. die regelmäßigen Frequenzänderungen von einem Bewußtseinszustand zum nächsten sowie die allmähliche Weiterentwicklung der Formen der Wahrnehmung zeigen.

Diese „in Schritte gegliederte Kontinuität" ergibt sich schon daraus, daß 1. Bewußtsein und Materie aufeinander einwirken – es muß also eine feste Verbindung zwischen beidem geben, und daß 2. Bewußtsein und Materie verschieden sind und es daher einen „systematischen Übergang" zwischen ihnen geben muß.

- Der Ort auf diesem Übergang, an dem man sich befindet, bestimmt, wie man die Welt sieht:

- Kether:	Welt = Gott/Einheit
- Da'ath:	Welt = Gottheiten
- Tiphareth/Tiefschlafbewußtsein:	Welt = Seelen
- Yesod/Unterbewußtsein:	Welt = Lebenskraft
- Malkuth/Wachbewußtsein:	Welt = Materie

- Es ist anzunehmen, daß der Ort, an dem man sich auf diesem Übergang befindet, d.h. daß der Bewußtseinszustand, den man mit seinem Wachbewußtsein erreichen kann, auch den Grad an Freiheit bestimmt, über den man verfügt:

- Kether:	vollkommen frei
- Da'ath:	„außergewöhnliche" Magie (Wunder)
- Tiphareth/Tiefschlaf:	in sich ruhen
- Yesod/Unterbewußtsein:	„gewöhnliche" Magie
- Malkuth/Wachbewußtsein:	vollkommen determiniert

- Schließlich ist der Weg von der Materie (Erde, Malkuth) zum Bewußtsein (Gott, Kether) auch eine Weitung des Bewußtseins, eine „Bewußtseinserweiterung" – genau genommen eine Weitung der Inhalte des Bewußtseins, die für das Bewußtsein erreichbar sind:

25

- Kether: Einheit (ohne Differenzierung)
- Da'ath: alles
- Tiphareth/Tiefschlaf: alles, was zur Seele gehört
- Yesod/Unterbewußtsein: Inhalte der Psyche und Telepathie
- Malkuth/Wachbewußtsein: Situation

Diese Betrachtungen zeigen, daß der Übergang von der Materie zum Bewußtsein ein komplexer Vorgang ist:

Der Übergang vom Bewußtsein zur Materie			
	Materie	*Übergang*	*Bewußtsein*
Differenzierung	Vielheit	Differenzierung	Einheit
Kontinuität	Vielheit	Kontinuität	Einheit
Inhalte	viele	schrittweise Differenzierung	einer
Weltsicht	Gott	Seele	Welt
Freiheitsgrad	frei	Steigerung der magischen Möglichkeiten	determiniert
EEG-Frequenz	$\approx 24\,Hz$	$\approx 12\,Hz / 6\,Hz / 3\,Hz / 1,5\,Hz$	$\approx 0,75\,Hz$

Es stellt sich bei den Betrachtungen in diesem Abschnitt eine Frage, da bei diesen Betrachtungen eine Ungereimtheit aufgetreten ist: Von der Ekstase und dem Wachbewußtsein (Malkuth) über die Lebenskraft (Yesod), der Seele (Tiphareth) und den Gottheiten (Da'ath) bis hin zu Kether (Gott) gibt es eine allmähliche Steigerung der Anzahl der Bewußtseinsinhalte – nur die Seele fällt aus dieser Folge heraus:

- ein Inhalt   = Ekstase
- die Situations-relevanten Inhalte   = Wachen
- alle Inhalte der Psyche   = Traum
- die Seele   = Tiefschlaf, Stille
- alle Inhalte einer Gottheit   = abgrenzungsloses Bewußtsein
- Einheit   = alles umfassendes Bewußtsein

Man sollte eigentlich annehmen, daß die Seele alle Erinnerungen ihrer früheren Inkarnationen enthält sowie auch ihre Absichten für ihre derzeitigen Inkarnation. Dies trifft auch zu – man kann diese Bewußtseinsinhalte auf Traumreisen und in Meditationen auch finden.

26

Die Leere des Tiefschlafbewußtseins, also des Seelenbewußtseins ist also nur ein Phänomen, das man erlebt, wenn man von der Psyche her in dieses Bewußtsein gelangt – die Inhalte der Psyche verstummen, weshalb dieses Bewußtsein als leer erscheint. Wenn man sich dort jedoch genauer umschaut, kann man die Inhalte des Bewußtseins der Seele finden, die jedoch jenseits des Rahmens des eigenen derzeitigen Lebens liegen und deshalb nicht so einfach zugänglich sind.

II 3. g) Bewußtseinsschwellen

Es gibt ein markantes Phänomen, das jedoch kaum auffällt, weil dies völlig „normal" ist: Dem Bewußtsein ist im Normalzustand nicht alles zugänglich. Das Bewußtsein ist in Bezug auf die Inhalte, die es wahrnehmen kann, eingeschränkt.

Wieso eigentlich? Wenn es von seinem Wesen her tatsächlich frei ist, sollte es auch alle Dinge wahrnehmen können (Telepathie) und alle Dinge lenken können (Telekinese).

Zunächst einmal kann man zwei Dinge unterscheiden: das Bewußtsein an sich und seine Inhalte. Von der Art der Inhalte des Bewußtseins hängt zudem die Qualität des Bewußtseins selber ab: ohne Inhalte = Tiefschlaf; alle Inhalte = Traum; Die Situations-relevanten Inhalte = Wachen; ein Inhalt = Ekstase.

Es muß also noch etwas drittes geben, das das Wesen des Bewußtseins prägt: eine Art von Bewußtseinsschwellen. Diese vermutete Gruppe von Bewußtseinsschwellen entsprechen wahrscheinlich den Übergängen auf der Mittleren Säule, die die verschiedenen Bewußtseinsarten auf ihr trennt.

Die Meditation ist das Überschreiten einer dieser Bewußtseinsschwellen. Wie bereits gezeigt, bedeutet das, daß die Rhythmen von zwei Bewußtseinsarten aufeinander eingestimmt werden.

Wachbewußtsein + Traumbewußtsein = Traumreise;
Wachbewußtsein + Tiefschlaf = Stille-Meditation;
Wachbewußtsein + Ekstase = Kundalini-Meditation.

Bei der Meditation wird die Frequenz eines Bewußtseinszustandes (Wachen) mit der doppelt so hohen Frequenz (Ekstase) oder mit der halb so hohen Frequenz (Traum) oder mit der ein Viertel so großen Frequenz (Tiefschlaf) eines anderen Bewußtseinszustandes koordiniert. So wird ein einheitliches, komplexes Schwingungsmuster erreicht: ein Ton und seine höhere oder tiefere Oktave.

Die Reichweite des Bewußtseins hängt offenbar davon ab, welche Bewußtseins-formen von ihren Frequenzen her miteinander koordiniert worden sind.

Daraus ergibt sich wiederum, daß die Bewußtseinsgrenzen ganz schlicht Frequenzen sind, die nicht aufeinander eingestimmt worden sind.

Hier ist noch einmal das Diagramm, das die Wirkung der Meditation auf die Bewußtseins-Rhythmen darstellt:

Die Koordination der Bewußtseins-Rhythmen in der Meditation

unkoordinierter Rhythmus (Normalbewußtsein)

Tiefschlaf		
Traum		
Wachen		
Ekstase		

koordinierter Rhythmus (Meditation)

Tiefschlaf		
Traum		
Wachen		
Ekstase		

Es hat den Anschein, als ob es im Bereich des Bewußtseins eine hohe Ordnung gäbe, die geradezu mathematisch und geometrisch wirkt.

Wenn das Bewußtsein eng mit der Materie verbunden ist und die Materie durch die Gesetzmäßigkeiten der Physik und Mathematik geprägt sind, sollten sich Spuren davon auch im Bewußtsein finden.

Genaugenommen sollten dies natürlich nicht Spuren, sondern eher Wurzeln sein, da zwischen den beiden Gegensätzen der Determiniertheit der Materie und der Freiheit des Bewußtseins ein allmählicher Übergang zu finden sein sollte.

28

II 3. h) Die Stellung der Seele

Bei den bisherigen Betrachtungen ist die Seele innerhalb der „normalen" vier menschlichen Bewußtseinszustände (Ekstase, Wachen, Traum, Tiefschlaf) mit der Wurzel dieser vier Formen des Bewußtseins verbunden: mit dem Tiefschlaf, mit dem inhaltslosen Bewußtsein, das sich nur seiner selber bewußt ist.

Gleichzeitig ist die Seele jedoch auch die Mitte des Weges zwischen Materie und Bewußtsein, d.h. zwischen der gesamten Materie (Welt) und dem alles umfassenden Bewußtsein (Gott).

Wenn die bisherige Annahme stimmt, daß das Bewußtsein und die Materie lediglich zwei Seiten derselben Sache sind, haben alle Dinge ein Bewußtsein. Die Inhalte dieses Bewußtseins hängen von der Komplexität der betrachteten Sache ab: ein Mensch, eine Tier, eine Pflanze, eine ganze Pflanzenart, ein Stein, ein Berg, ein Meer, ein Planet usw.

Das Bewußtsein mancher dieser Dinge hat im Laufe der Geschichte einen Namen erhalten: Mensch – Bewußtsein; Tier – Tiergeist; Pflanzenart – Elf; alle Wölfe – Wolfsgöttin; Erde – Erdgöttin; Meer – Meeresgott; alle Menschen – kollektives Unterbewußtsein; die gesamte Erde mit allen Lebewesen auf ihr – Gaia; usw.

Ekstase, Wachen, Traum und Tiefschlaf sind die vier individuellen Formen des Bewußtseins. Sie entsprechen auf der Mittleren Säule Malkuth (Körper = Wachen und Ekstase), Yesod (Traum = Lebenskraft) und Tiphareth (Tiefschlaf = Seele).

Weiterhin gibt es zwei allgemeine Formen von Bewußtsein. Sie entsprechen auf der Mittleren Säule Da'ath (Abgrenzungslosigkeit = Gottheiten) und Kether (Einheit = Gott).

Die Gottheiten sind eine Differenzierung des einen Gottes. Eine Seele ist ein „Tropfen" aus dem „Meer" einer dieser Gottheiten. Ein Lebenskraftkörper und somit auch eine Psyche ist die Summe der Erfahrungen einer Seele in einer ihrer Inkarnationen. Der Körper ist die materielle Form, die die Lebenskraft in einem bestimmten Augenblick annimmt.

Auch hier findet sich eine allmähliche, kontinuierliche Differenzierung von der Einheit hin zur Vielheit. Diese Folge „Gott – Gottheit – Seele (Tiefschlaf) – Traumzustand (Unterbewußtsein) – Wachen – Ekstase" läßt sich auch als „Landkarte" darstellen:

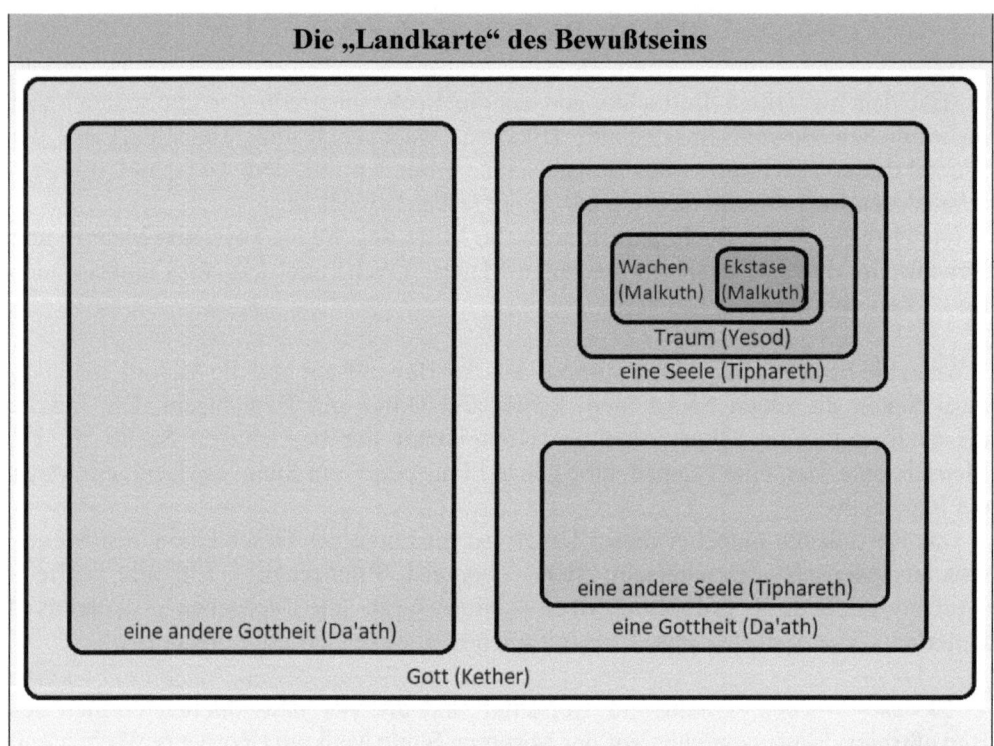

Die „Landkarte" des Bewußtseins

Wachen (Malkuth)

Ekstase (Malkuth)

Traum (Yesod)

eine Seele (Tiphareth)

eine andere Seele (Tiphareth)

eine andere Gottheit (Da'ath)

eine Gottheit (Da'ath)

Gott (Kether)

Die Position der Seele in der Mitte zwischen dem einen, allumfassenden Bewußtsein und der differenzierten, in Einzelelemente unterteilten Materie läßt vermuten, daß die Seele das schöpferische, kreative Element ist. Sie sollte sowohl über Freiheit verfügen (die Qualität des Bewußtseins) als auch über die Möglichkeit, sich zu konkretisieren und festzulegen (die Qualität der Materie).

II 3. i) Planetenfolge

Eine weitere Folge, die den bisher betrachteten Stufenwegen sehr ähnlich ist, sind die astrologischen Planeten vom Mond über Merkur, Venus, Sonne, Mars, Jupiter, Saturn, Uranus und Neptun bis zu Pluto.

Dies ist jedoch keine eigenständige Folge, da sie ja in jedem Sonnensystem anders aussehen kann – und man könnte selbst in unserem Sonnensystem noch die Kleinplaneten Ceres, Eris, Sedna, Makemake, Haumea usw. in diese Folge miteinbeziehen.

30

Die oben genannte Planetenfolge erscheint jedoch zusammen mit der Erde als Ausgangspunkt als eine der vielen Zuordnung zu dem kabbalistischen Lebensbaum. Dabei entsprechen die fünf Bereiche der Mittleren Säule den folgenden Planeten:

Kether	– Pluto
Da'ath	– Saturn
Tiphareth	– Sonne
Yesod	– Mond
Malkuth	– Erde

II 3. j) Zusammenfassung

Das Bewußtsein erscheint in den bisherigen Betrachtungen als die „Innenseite" von demselben Ding, dessen Außenseite als Materie erscheint – folglich haben alle Dinge ein Bewußtsein.

Der Übergang vom Bewußtsein zur Materie ist 1. kontinuierlich, er ist 2. in mehrere Schritte aufgegliedert, er stellt 3. eine feste Verbindung dar, er ist 4. ein Übergang von der Freiheit des Bewußtseins zu der Determiniertheit des Materie und er ist 5. somit der kreative und magische Bereich.

Die Art des Bewußtseins hängt davon ab, wie nah es sich an der Materie befindet. Damit hängt auch zusammen, welche Inhalte es hat.

Die Ausdehnung des Wachbewußtseins auf einen größeren Bereich wird dadurch erlangt, daß die Frequenz des Wachbewußtseins mit der Frequenz eines anderen Bewußtseins integriert wird, das eine niedere Oktave der Wachbewußtseins-Frequenz (Traum, Tiefschlaf) oder eine höhere Oktave (Ekstase) ist. Das geschieht in der Regel durch eine Meditation.

Die Übergänge zwischen den einzelnen Bewußtseinsarten, also die Bewußtseins-schwellen, entstehen dadurch, daß die Frequenzen der beiden Bewußtseinsarten oft nicht miteinander koordiniert worden sind.

II 4.   Das Röhrenmodell

Es wäre an dieser Stelle der Betrachtungen hilfreich, ein Modell zu haben, das die bisherigen Ergebnisse anschaulich zusammenfaßt. Ein Modell ist natürlich noch kein „Photo" der Wirklichkeit, aber wenn ein Modell alle Beobachtungen präzise beschreiben kann, ist das schon mal eine große Hilfe für die weitere Forschung.

II 4. a)   Die Feynman-Diagramme

Der amerikanische Physiker und Nobelpreisträger Richard Feynman (1918-1988) hat eine Methode entwickelt, mit der man Vorgänge im Bereich der Quantenphysik anschaulich darstellen kann. Diese Methode wird heute von so gut wie allen Physikern verwendet. Feynman hat seinen Nobelpreis u.a. auch für die Entwicklung dieser Darstellungsmethode erhalten.

Da diese Diagramme so gut und einfach funktionieren, könnte es hilfreich sein, sie bei der Skizzierung eines einheitlichen magisch-physikalischen Modells mitzuverwenden.

Diese Diagramme veranschaulichen die Prozesse bei einem beliebigen physikalischen Vorgang auch auf der Ebene von Elementarteilchen. Solch ein Diagramm kann wie folgt aussehen:

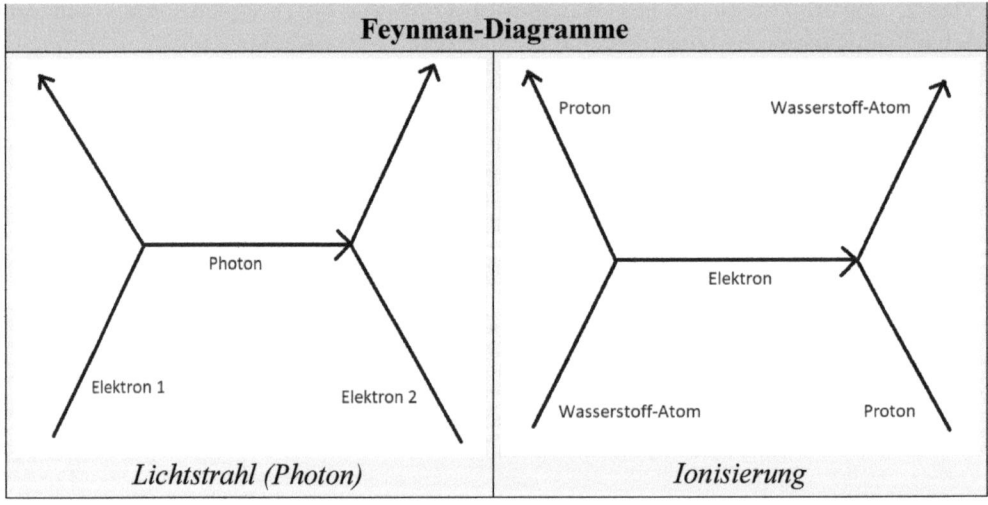

Feynman-Diagramme

Lichtstrahl (Photon)

Ionisierung

32

In dem linken Diagramm fliegen zwei Elektronen von unten nach oben. Da sie beide eine negative elektrische Ladung haben, entsteht zwischen ihnen eine elektrische Abstoßung, die als Photon (= elektromagnetische Kraft) dargestellt werden kann, das von Elektron 1 zu Elektron 2 fliegt. Da Elektron 1 eine Masse (das Photon) nach rechts hin aussendet, knickt seine Flugbahn nach links hin ab (Impulserhaltungssatz). Elektron 2 wird hingegen von der Masse des Photons von links her getroffen, woraufhin seine Bahn nach rechts hin abknickt.

In dem rechten Diagramm sind ein Wasserstoff-Atom und ein Proton zu sehen. Ein Wasserstoff-Atom besteht aus einem Proton und einem Elektron. Wenn das Wasserstoff-Atom sein Elektron an das Proton abgibt, verwandelt sich das Wasserstoff-Atom in ein Proton, während sich das Proton durch die Aufnahme des Elektrons in ein Wasserstoff-Atom verwandelt. Ein Proton kann man auch als ein ionisiertes, also Elektronen-loses Wasserstoff-Atom ansehen – daher zeigt das rechte Diagramm eine Ionisierung (des linken Atoms).

In diesen beiden Diagrammen verläuft die Zeit von unten nach oben. Alle diese Diagramme lassen sich jedoch auch mit dem Zeitverlauf von oben nach unten hin lesen – dann entsteht auf dem rechten Diagramm auf der linken Seite ein Wasserstoff-Atom und auf der rechten Seite ein Proton.

Diese Diagramme zeigen u.a., daß sich alle physikalischen Vorgänge als Austauschprozesse darstellen lassen: Alles, was geschieht, ist ein Austausch von Teilchen.

Das bedeutet wiederum, daß man bei jedem Teilchen verfolgen kann, wie es sich durch die Zeit bewegt und dabei durch den Austausch von Teilchen eine Wirkung auf andere Teilchen ausübt und von den anderen Teilchen selber eine Wirkung erhält.

Wenn man dieses Bild systematisch durchdenkt und es auf alle Vorgänge in der Welt bezieht, erhält man eine unvorstellbar große Menge an Flugbahnen von Teilchen, die alle aufeinander durch den Austausch von Teilchen wirken: Es gibt nur diese Flugbahnen von Teilchen, die alle ständig mit allen anderen Teilchen durch den Austausch von Teilchen verknüpft sind.

Die ganze Welt ist nichts anderes als eine riesige Menge solcher durch Raum und Zeit fliegender Teilchen, die ständig kleinere Teilchen miteinander austauschen …

Die Teilchen, die ausgetauscht werden, sind meistens Gravitonen, Photonen und Gluonen, also die Energiequanten der Schwerkraft und der elektromagnetischen Kraft sowie der Farbkraft im Inneren von Atomkernen.

Die Welt ist folglich ein großes Netz von „Fäden" (die Flugbahnen der Teilchen), die ständig miteinander verknüpft sind. Es gibt nur dieses eine Teilchen-Netz – und alles, was es gibt, ist Teil dieses Netzes.

Wenn man die Welt nur zu einem einzelnen Zeitpunkt betrachtet, sieht man einzelne Teilchen, die sich an einer bestimmten Stelle in der Zeit und im Raum befinden – so betrachtet, ist jedes Teilchen von allen anderen Teilchen isoliert.

Wenn man die Welt im Fluß der Zeit betrachtet, gibt es nur die „Teilchen-Fäden", die durch „Austauschteilchen-Fäden" mit allen anderen Teilchen verbunden sind – es gibt nur das eine große Netz.

Auch in der folgenden Darstellung eines winzigen Auschnittes aus diesem „Teilchen-Netz" verläuft die Zeit von unten nach oben. Die Linien zeigen die Flugbahnen der Teilchen (Linien schräg nach oben) und ihre Wechselwirkungen (waagerechte Linien).

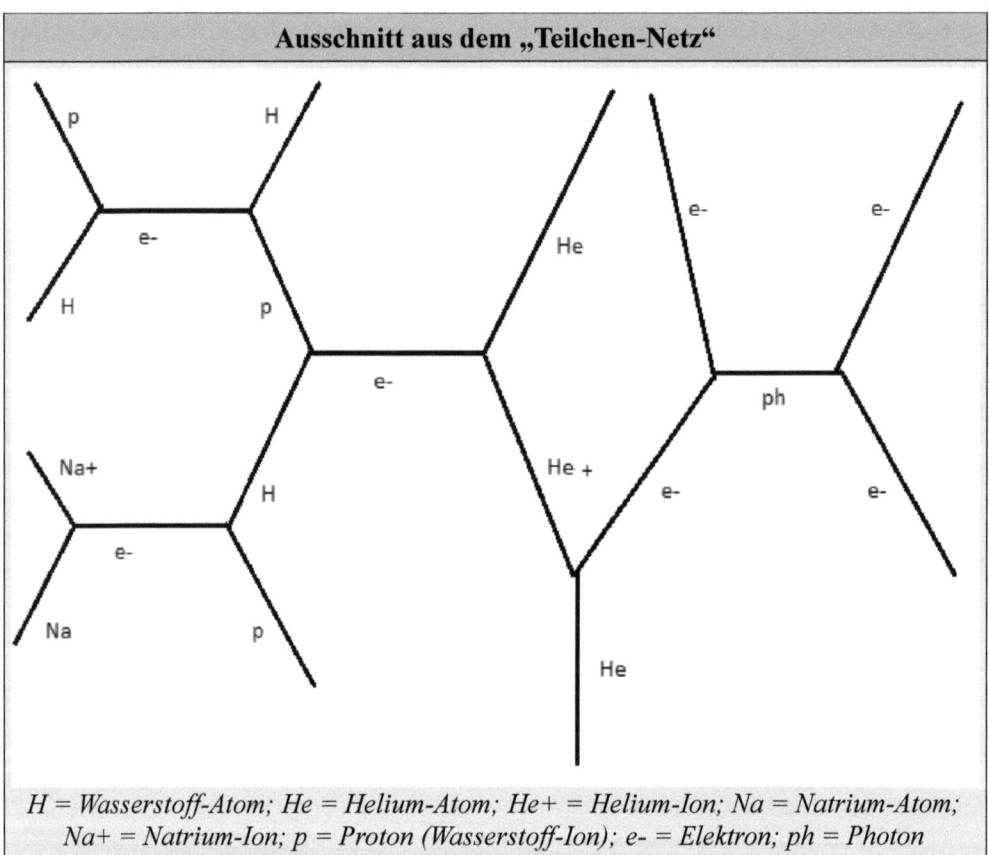

Ausschnitt aus dem „Teilchen-Netz"

H = Wasserstoff-Atom; He = Helium-Atom; He+ = Helium-Ion; Na = Natrium-Atom; Na+ = Natrium-Ion; p = Proton (Wasserstoff-Ion); e- = Elektron; ph = Photon

Alles, was in der Welt ist und was in der Welt geschieht, läßt sich als solch ein Netz darstellen – letztlich gibt es natürlich nur ein einziges, alles umfassendes Netz.

Alles ist mit allem verbunden.

34

II 4. b)   Die Superstringtheorie

Das zweite Element aus der Physik, das für die Entwicklung eines einheitlichen Modells sehr nützlich ist, sind die Superstrings. Sie sind die heutige einheitliche mathematische Beschreibung aller Teilchen, aus der unsere Welt besteht.

Diese Beschreibung stellt die Teilchen als schwingende Kreise dar. Die Teilchen sind wie eine schwingende Saite (englisch: „string"), die nicht wie bei einer Geige gerade eingespannt ist, sondern einen Kreis bildet.

Wenn sich solch ein als Kreis schwingendes Teilchen durch den Raum bewegt, ist es kein „Faden" mehr, sondern eine „Röhre". Aus dem „Netz" wird somit ein Röhrensystem, ein „Röhrennetz".

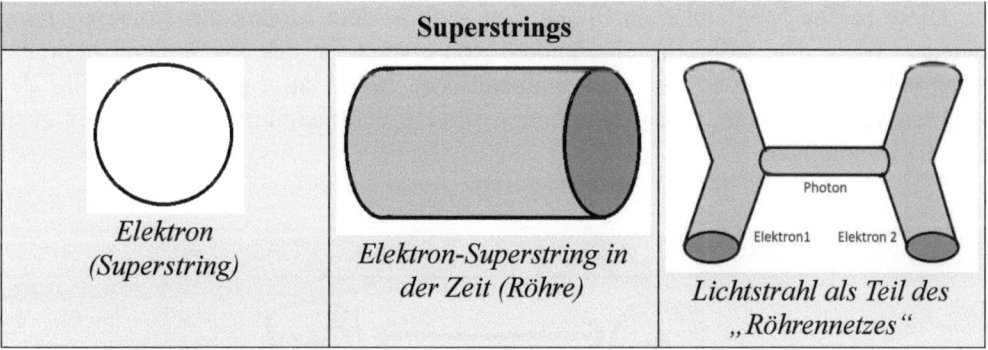

Superstrings

Elektron (Superstring) — *Elektron-Superstring in der Zeit (Röhre)* — *Lichtstrahl als Teil des „Röhrennetzes"*

Wenn man die Welt mithilfe von zwei der wichtigsten Darstellungsweisen der heutigen Physik beschreibt, erhält man also ein Bild der Welt, das einem komplexen Röhrensystem gleicht.

Gott ist ein Klempner …

II 4. c)   Innen und Außen

Das grundlegende Problem bei den bisherigen Betrachtungen war die gleichzeitige Existenz des Bewußtseins und der Materie und somit die Frage nach dem Verhältnis zwischen diesen beiden.

Die Materie erscheint als das Außen der Welt und das Bewußtsein als das Innen der Welt. Das Bild des Röhrensystems bietet eine einfache graphische Darstellung dieses

Gegensatzes: Das Außen der Welt ist die Außenseite der Röhren – das Innen der Welt ist die Innenseite der Röhren.

In diesem Modell hat alles eine Außenseite und ist somit Materie – und alles hat auch eine Innenseite und hat somit Bewußtsein. Die Komplexität der Inhalte des Bewußtseins entspricht der Komplexität des Röhrensystems, zu dem dieses Bewußtsein gehört.

Aus diesem Bild ergibt sich auch, daß es zum einen eine innere Wahrnehmung und ein Handeln von innen her, also einen direkten Zugriff gibt, und zum anderen eine äußere Wahrnehmung und ein äußeres Handeln, also einen indirekten Zugriff. Bei dem direkten Zugriff sieht und handelt das Bewußtsein direkt: Körperwahrnehmung und Körperbewegung. Bei dem indirekten Zugriff sieht und handelt das Bewußtsein nur indirekt: Sehen mit den Augen und das Bewegen eines Gegenstandes mithilfe der Hände.

Diese beiden Möglichkeiten finden sich auch in dem Modell des Röhrensystems wieder: Wenn eine Röhre an eine andere Röhre stößt, ist das eine äußere, indirekte Wahrnehmung – wenn man sich innerhalb der Röhre an eine andere Stelle des Röhrensystems bewegt, ist das eine innere, direkte Wahrnehmung. Dasselbe gilt auch für die Handlungen.

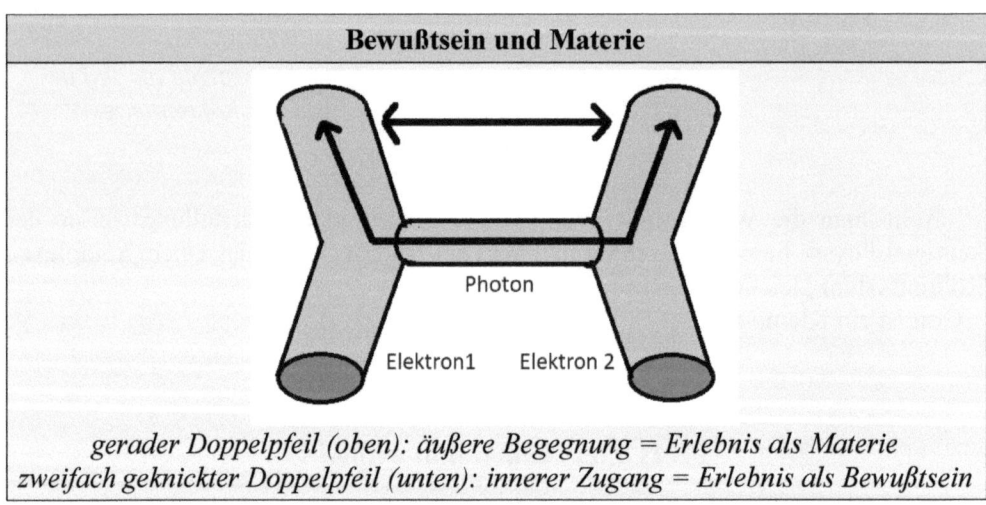

Bewußtsein und Materie

Photon

Elektron1   Elektron 2

gerader Doppelpfeil (oben): äußere Begegnung = Erlebnis als Materie
zweifach geknickter Doppelpfeil (unten): innerer Zugang = Erlebnis als Bewußtsein

Man kann in diesem Röhrensystem-Modell folglich alles als Materie erleben, indem man die Welt von außen her erlebt (gerader Doppelpfeil); und man kann auch alles als Bewußtsein erleben, indem man innen zu dem betreffenden Teil der Welt geht (zweifach geknickter Pfeil).

36

Diese beiden Möglichkeiten werden anhand eines Beispiels vermutlich etwas anschaulicher: Man kann seine linke Hand mithilfe seines rechten Zeigefingers berühren und sie über den rechten Zeigefinger wahrnehmen – das ist die äußere, indirekte Wahrnehmung, durch die man die linke Hand als Materie erlebt. Man kann jedoch auch innerlich mit seinem Bewußtsein in seine linke Hand gehen und sie direkt von innen her wahrnehmen – dadurch erlebt man die linke Hand als Bewußtsein.

II 4. d)   Bewußtseinserweiterung

Wenn dieses Modell etwas taugt, sollten sich in ihm auch die auffälligen Bewußtseinsschwellen wiederfinden lassen, deren Existenz bei den früheren Betrachtungen deutlich geworden ist.

Warum ist es für das Bewußtsein relativ einfach, im eigenen Körper Dinge wahrzunehmen und mit dem eigenen Körper zu handeln? Und warum ist es im Gegensatz dazu etwas aufwendiger, das eigene Bewußtsein mithilfe der Telepathie wahrnehmend auf andere Dinge auszuweiten bzw. mithilfe von Telekinese andere Dinge zu bewegen?

Zunächst einmal ist es ja offensichtlich, daß die Teile des menschlichen Körpers viel enger miteinander verknüpft sind als z.B. der Körper mit der Erde. Mehr Verbindungen sollten auch eine leichtere Zugänglichkeit für das Bewußtsein bedeuten.

Weiterhin besteht die Verbindung zwischen Körper und Erde nur aus der Gravitation – innerhalb des Körpers gibt es hingegen eine Vielzahl von elektromagnetischen Verbindungen, durch die z.B. die Atome in den Molekülen und auch die Moleküle in den Zellen zusammengehalten werden.

Natürlich gibt es auch ganz schlicht die elektromagnetischen Reizleitungen der Nervenbahnen.

Es gibt in der Physik drei grundlegende Arten von Kräften und somit auch von Wechselwirkungen: die sehr schwache Gravitation, die mittelstarke elektromagnetische Kraft und die sehr starke, aber auf das Innere der Atomkerne beschränkte Farbkraft.

Interessanterweise werden die fünf Bereiche des kabbalistischen Lebensbaumes, wenn man ihn auf die Physik anwendet, auf symmetrische Weise durch diese drei Kräfte geprägt. Diese fünf Bereiche werden durch die Mittlere Säule repräsentiert[3]:

---

3   Es wäre recht aufwendig, diesen Zusammenhang hier detailliert zu erläutern, da es dafür auch notwendig wäre, die Struktur des Lebensbaumes im Einzelnen darzustellen. Eine ausführliche Beschreibung des Zusammenhanges der Grundkräfte mit dem Lebensbaum findet sich in dem zweiten Band von „Blüten des Lebensbaumes".

Kether	- Gott	- Gravitation
Da'ath	- Gottheiten	- elektromagnetische Kraft
Tiphareth	- Seele	- Farbkraft
Yesod	- Psyche	- elektromagnetische Kraft
Malkuth	- Körper	- Gravitation

Es hat also den Anschein, als ob die Reichweite des Bewußtseins durch die Art der Wechselwirkung bestimmt sei, durch die das Bewußtsein mit etwas anderem verbunden ist:

- Es ist einfach, innerhalb des Körpers etwas wahrzunehmen und dort zu handeln (elektromagnetische Kraft).

Die elektromagnetische Kraft ist auch die Kraft, die in den Nervenbahnen wirkt, die die Wahrnehmung und die Bewegungen koordinieren. Falls man das Bewußtsein nicht einfach als einen Nebeneffekt dieser elektromagnetischen Ströme im Gehirn auffassen will, bleibt trotzdem die Frage nach dem Übergang von den Nerven zum Bewußtsein.

- Es ist ein wenig schwieriger, im Körper auch Bereiche zu erfassen, die weniger stark durch die elektromagnetische Kraft verknüpft sind wie z.B. die Knochen, die Haare, die Fingernägel, das Blut, der Inhalt der Nieren, der Blase, des Darms usw. (Gravitation, mechanischer Zusammenhalt)

- Es bedarf eines noch größeren Aufwands, um sich der eigenen Seele bewußt zu werden (Farbkraft).

Die Ausweitung des Bewußtseins wird anscheinend immer dort schwierig, wo es keine intensiven Verbindungen vorzugsweise elektromagnetischer Art gibt.

Die Experimente mit Telepathie zeigen jedoch, daß jeder Mensch bei passendem Versuchsaufbau ohne Vorübungen dazu in der Lage ist, etwas telepathisch wahrzunehmen.[4]

Daraus ergibt sich, daß es prinzipiell nicht schwer sein kann, etwas telepathisch

---

4 Ein einfacher Versuch: Person A steckt jeweils eine Postkarte, Kunstdruckkarte, Photo o.ä. in mindestens 20 Briefumschläge und verschließt sie. Person B, C, D und E (sowie evtl. weitere Vierergruppen) wählen einen der 20 oder mehr Umschläge aus, setzen sich an einen Tisch, legen den Umschalg zwischen sich und konzentrieren sich 3 Minuten auf ihn und schreiben alle Wahrnehmungen auf. Anschließend werden die Wahrnehmungen verglichen und aus den übereinstimmenden Wahrnehmungen eine Bildbeschreibung hergeleitet. Dann wird der Umschlag geöffnet und die Beschreibung mit dem Bild verglichen. – Durch diese Versuchsanordnung werden die telepathischen Wahrnehmungen von den Assoziationen unterschieden.

wahrzunehmen – es ist lediglich notwendig, es auszuprobieren, dabei auf eine sinnvolle Weise vorzugehen und den Vorgang dann evtl. noch zu üben, um mit ihm vertrauter zu werden.

Der Telepathie-Versuch zeigt, daß die Bewußtseinsschwellen kein grundsätzliches Hindernis sind, sondern nur der Übergang zu einem anderen Bereich – und man braucht lediglich etwas Kenntnisse und Erfahrung, um das eigene Wachbewußtsein auf diese anderen Bereiche auszudehnen.

Es fühlt sich deutlich anders an, etwas mit den Augen oder etwas telepathisch wahrzunehmen. Das Gefühl bei der Telepathie gleicht mehr einem sich-Erinnern.

II 4. e)   Die Zeit im Röhrenmodell

Die Röhren in diesem Modell verlaufen entlang der Zeit – die kreisförmigen Superstrings werden erst zu Röhren, wenn man ihre Bewegungen durch die Zeit betrachtet.

Wenn man nun mit seinem Bewußtsein in einen anderen Menschen oder einen Gegenstand wechseln will, gibt es reichlich solche Röhren zu allem: Alle Dinge wirken mithilfe der Gravitation aufeinander.

Da Energiequanten einschließlich des Gravitons mit Lichtgeschwindigkeit fliegen, wären alle Menschen und Dinge auf der Erde in deutlich weniger als einer Sekunde erreichbar – die Telepathie braucht also zumindestens auf der Erde so gut wie keine Zeit für die „Informations-Übertragung".

Es wäre interessant zu schauen, ob man für das Erlangen von Informationen über Dinge in größerer Entfernung wie z.B. der Distanz Erde-Pluto die Zeit benötigt, die das Licht (und auch ein Graviton) braucht, um von der Erde zum Pluto und zurück zu gelangen – das sind ca. 12 Stunden. Leider ist ein Versuchsaufbau, mit dem man das überprüfen könnte, wohl kaum durchführbar – leider …

Man könnte aus diesem Modell schließen, daß es für das Bewußtsein möglich sein sollte, in die Vergangenheit und in die Zukunft zu reisen – schließlich verlaufen die Röhren alle auch entlang der Zeitachse.

In den Feynman-Diagrammen und in den auf sie aufbauenden Röhren-Diagrammen gibt es daher keine genau waagerechten, also „zeitlosen" Linien bzw. Röhren, da in diesen Diagrammen die Senkrechte die Zeitachse ist und bei jedem Vorgang Zeit vergeht. Da die Energiequanten (Gravitonen, Photonen, Gluonen) jedoch mit Lichtgeschwindigkeit fliegen, brauchen sie für ihre Wege nur winzige Sekundenbruchteile an Zeit. Daher ist die Schräge dieser Energiequanten-Linien (die die verstrichene Zeit zeigt) derart gering, daß man sie auch fortlassen kann – auch wenn es in diesen Diagrammen keine wirklich waagerechten Linien gibt.

Man kann mit dem Bewußtsein so schnell in dem Röhrensystem reisen (eben mit Lichtgeschwindigkeit), daß man alle Dinge auf der Erde telepathisch beinahe sofort, also in der Gegenwart wahrnehmen kann. Dem Röhrenmodell zufolge bewegt sich Telepathie sehr wahrscheinlich mit Lichtgeschwindigkeit, da sie einer Bewegung im Inneren der Energiequanten-Röhren entspricht.

Diese Überlegungen zu der Zeit in dem Röhrendiagramm, die u.a. auf die Möglichkeit der Bewußtseins-Zeitreisen hinweisen, sind zunächst nur eine Schlußfolgerung aus dem Modell.

Man kann diese Schlußfolgerungen jedoch nachprüfen und dadurch die Richtigkeit des Modells bestätigen – doch das erfolgt erst in einem späteren Kapitel.

II 4. f) Der Nutzen eines Modells

Das Röhrensystem-Modell ist natürlich nur ein Modell, aber es bietet immerhin die Möglichkeit, die Bewußtsein/Materie-Dualität, die Bewußtseinsschwellen und die Bewußtseinserweiterungen (Telepathie, Telekinese) mit einem sehr einfachen Bild zu beschreiben.

Dieses Modell ist zudem aus den heutigen physikalischen Theorien und Darstellungsmethoden hergeleitet worden – die physikalische Seite dieses Modells entspricht also vollständig den in der heutigen Physik verwendeten Modellen und Graphiken.

Mein Freund Jörg Wichmann sagte einmal: „Nichts ist praktischer als eine gute Theorie."

B Strukturen und Dynamiken

Die bisherigen Betrachtungen hatten vor allem das Verhältnis von Bewußtsein und Materie zum Thema – einfach deshalb, weil Magie u.a. bedeutet, daß man physische Wirkungen durch das Bewußtsein auslösen kann. Zudem ist die Bewußtsein/Materie-Dualität eines der größten Rätsel in unserer Welt.

Als nächstes werden nun in diesem Kapitel die Unterschiede und Gleichheiten von Bewußtsein und Materie genauer untersucht und beschrieben. Dadurch wird auch der Übergangsbereich zwischen beiden deutlicher.

III Analogie und Mathematik

Das wichtigste Hilfsmittel der Physik ist die Mathematik. Das wichtigste Hilfsmittel der Magie ist die Analogie.

Diese beiden Hilfsmittel sind verschieden und auch die Blickwinkel, unter dem sie die Welt betrachten. Daher sollten auch die Ergebnisse dieser beiden Blickwinkel verschieden sein – auch wenn dieselbe Welt betrachtet wird.

Daraus ergibt sich u.a., daß man die Magie nicht mit der Physik erklären kann und ebenso, daß man die Physik nicht mit der Magie erklären kann. Aber man kann beide Sichtweisen zu einem vollständigeren Bild kombinieren, da sie beide dieselbe Welt beschreiben.

III 1. Quantität und Qualität

Das wichtigste Hilfsmittel der Physik und der Naturwissenschaften allgemein ist die Mathematik. Sie vergleicht Quantitäten, also Mengen gleicher Dinge.

Das wichtigste Hilfsmittel der Magie und auch der Astrologie und aller anderer Orakel und Omendeutungen ist die Analogie. Durch sie werden Qualitäten verglichen.

Da die Magie zwischen dem vollkommen freien Bewußtsein (innen) und der vollkommen determinierten Materie (außen) steht, sollte die Magie kreativ sein, also zugleich Zugriff auf die Freiheit als auch auch auf die geprägten Formen der äußeren

41

Welt haben.

Dazu paßt es gut, daß sich die Magie mit Qualitäten und nicht mit determinierten Quantitäten oder mit der vollkommen unstrukturierten und daher freien Einheit beschäftigt.

Die Qualitäten der Magie enthalten beides: Freiheit und Festlegung. Diese beiden Dinge ergeben miteinander kombiniert die kreative Schöpfung.

III 2. Quantitäts-Gleichheit und Qualitäts-Gleichheit

Die Mathematik als das wichtigste naturwissenschaftliche Werkzeug betrachtet Quantitäts-Gleichheiten. Gleichungen wie „2+2=4" bedeuten, daß links und rechts von dem Gleichheitszeichen gleich große Mengen stehen. Das Symbol „=" zeigt wie eine Waage an, daß sich links und rechts von diesem Zeichen dieselbe Menge befindet.

Das bedeutet auch, daß sich links und rechts von dem „=" dieselben Einheiten befinden. Die Gleichung „2Äpfel + 2Äpfel = 4Äpfel" ist richtig; die Gleichung „2Äpfel + 2Birnen = 4Äpfel" ist hingegen falsch; die Gleichung „2Äpfel + 2Birnen = 4Obststücke" ist hingegen wieder zutreffend. In einer mathematischen Gleichung werden also Mengen innerhalb derselben Sache verglichen – diese Sache ist die Qualität dessen, was bei dieser Gleichung gezählt wird.

In einer mathematischen Gleichung wird nur eine einzige Qualität wie z.B. „Äpfel" betrachtet – meistens sind dies jedoch nur ganz allgemeine Qualitäten wie das Gewicht oder die Länge oder die Zeitdauer.

Es gibt natürlich auch komplexere Gleichungen wie „2m · 2m = 4m²" oder „Kraft = Masse · Beschleunigung", also z.B. „8N = 2kg · 4m/sec²". In dieser Art von Gleichung ist die Qualität „N" (Newton) auf der linken Seite der Gleichung in „kg·m/sec²" auf der rechten Seite zerlegt worden. Trotzdem stehen auf beiden Seiten Kräfte – die Kraft ist auf der rechten Seite der Gleichung nur in die Komponenten, aus denen sie besteht, aufgelöst worden.

Dieses Prinzip „in jeder Gleichung steht links und rechts dieselbe Einheit/Qualität" gilt auch für sehr komplexe Gleichungen oder für Gleichungen, die eher unerwartete Zusammenhänge darstellen wie z.B. „E = m·c²".

Mathematische Gleichungen betrachten also stets nur eine einzige Qualität – sie beschreiben aber präzise die Mengenverhältnisse innerhalb dieser einen Qualität.

Durch die in der Magie und in der Astrologie verwendeten Analogien werden hingegen Qualitäten, aber keine Mengen beschrieben. So entsprechen z.B. in der Astrologie dem Mars die folgenden Dinge: im Körper die Muskeln, in der Psyche die

Aggression, bei den Gegenständen die Waffen, bei den Berufen der Soldat, im Staat das Militär, bei den chemischen Elementen das Eisen usw.

Durch Analogien kann in verschiedenen Bereichen das Element mit derselben Qualität gefunden werden. Man kannte auch diesen Zusammenhang wie eine Gleichung darstellen: „Muskeln ⊕ Waffen".

Im Gegensatz zur Mathematik, in der links und rechts von dem „=" gleiche Quantitäten stehen, befinden sich links und rechts von dem Analogie-Zeichen „⊕" gleiche Qualitäten.

Da diese „Magie-Gleichungen" sich jeweils auf eine bestimmte Qualität beziehen, kann man an das „⊕"-Symbol noch die Qualität in dieser Analogie anhängen. Das sieht dann folgendermaßen aus: „Muskeln ⊕Mars Waffen".

Diese Analogie-Gleichung kann natürlich auch noch komplexer sein und mehrere Dinge einbeziehen: „Muskeln ⊕Mars Waffen ⊕Mars Eisen ⊕Mars Krieger"

Es ist also deutlich, daß sowohl in den Naturwissenschaften als auch in der Magie zur Beschreibung der Welt Gleichungen benutzt werden: In den Naturwissenschaften sind dies Quantitäts-Gleichungen, in der Magie sind dies Qualitäts-Gleichungen.

III 3. Die Blickweise der Analogie

Die Analogien haben eine große Vielfalt und viele verschiedene Anwendungsmöglichkeiten.

III 3. a) Das Analogie-Raster

Die Analogie benutzt meistens ein Raster von Qualitäten, um festzustellen, an welcher Stelle, in welchem „Fach", in welcher „Schublade" in einem solchen Raster das Betrachtete steht. Man kann manche dieser Raster auch „Matrix" oder „Mandala" nennen.

Einige solcher Qualitäts-Systeme sind:

- die 2 Urgegensätze Yin und Yang (China),
- die 2 Urgegensätze Feuer und Eis (Germanen),
- die 2 Urgegensätze Wasser und Erde (Mesopotamien, Ägypten),
- die 2 Urgegensätze Sulphur und Mercurius (Alchemie),
- die 4 Elemente (= Feuer, Wasser, Luft, Erde),
- die 5 Elemente (= 4 Elemente plus die Quintessenz),
- die 5 chinesischen Elemente (= Feuer, Wasser, Holz, Metall, Erde)
- die 7 Hauptchakren,
- die 8 Trigramme (I Ging),
- die 10 Planeten,
- die 12 Tierkreiszeichen,
- die 40 Elemente des kabbalistischen Lebensbaumes,
- die 64 Hexagramme des I Ging,
- die 78 Tarotkarten,
- die 256 Bereiche des westafrikanischen Ifa-Orakels,
  usw.

Solche Systeme haben den Vorteil, daß man üben kann, alle Dinge und Ereignisse z.B. einem der vier Elemente oder der Quintessenz zuzuordnen. Dadurch ist man dann nach einer Weile in der Lage, die Element-Zugehörigkeit und somit die Qualität einer Sache recht schnell zu erkennen.

Alle diese Systeme sind vollständige Bilder der Welt – sie stellen die Welt als eine vollständige Gruppe von Qualitäten dar.

Man kann dabei drei Arten von Analogie-Raster unterscheiden:

- Man kann diese Art von Raster als eine vollständige **Matrix** auffassen. Einige von ihnen sind auch wie eine Matrix geordnet, d.h. man kann sie als quadratisches Raster darstellen, in denen alle Dinge in derselben Spalte bzw. in derselben Zeile eine gemeinsame Qualität haben. So bilden die 64 Hexagramme des I Ging ein Quadrat von $8 \cdot 8 = 64$ Feldern. Das Ifa-Orakel bildet hingegen ein Quadrat von $16 \cdot 16 = 256$ Feldern.

- Andere dieser Raster sind **Mandalas**. So bilden die vier Elemente die vier Seiten eines Quadrats, in dessen Mitte sich die Quintessenz befindet. Beim Tierkreis bilden die zwölf Tierkreiszeichen-Qualitäten einen Kreis, in dessen Mitte sich die Sonne, d.h. die Qualität des Zentrums befindet. In beiden Fällen ist das Zentrum (Quintessenz, Sonne) auch ein Symbol für das Bewußtsein und für die Seele, also für die nächsthöhere Ebene und somit auch für den Ursprung der Vielfalt der Einheiten im Außenbereich des Mandalas.

- Die dritte Gruppe von Rastern stellt **Entwicklungsfolgen** dar. Zu dieser Gruppe gehören der Lebensbaum, die Planetenfolge, die Tarotkarten, die Chakren und auch der Tierkreis, der sowohl ein Teil eines Mandalas als auch eine Entwicklungsfolge darstellt.

Neben diesen Analogie-Systemen gibt es jedoch auch die Möglichkeit, ohne Zuhilfenahme eines Rasters zwei Systeme zu vergleichen.
Wenn man z.B. eine Kutsche mit einem Auto vergleicht, gibt es u.a. die folgenden Analogien, d.h. die qualitativen und somit auch funktionellen Entsprechungen:

- Kutsche   ⑪ Auto
- Kutscher   ⑪ Fahrer
- Zügel   ⑪ Lenkrad/Gaspedal/Bremse
- Pferd   ⑪ Motor
- Hufeisen   ⑪ Reifen
- Futter   ⑪ Benzin
  usw.

III 3. a)   Die Analogie-Wirkung

In der Magie kann man beobachten, daß „Gleiches auf Gleiches wirkt" bzw. daß sich „Gleiches gleich entwickelt":

- In der Astrologie besteht eine Analogie zwischen dem Planetenstand zum Zeitpunkt der Geburt und dem Charakter des Menschen, der zu diesem Zeitpunkt geboren wird.

- In der Homöopathie wird eine Krankheit mit einem Mittel geheilt, das bei einem gesunden Menschen die Symptome hervorruft, an denen der betreffende Kranke leidet.

- Bei einem Orakel wie z.B. den Tarotkarten stellt das Gesamtsystem ein vollständiges Abbild der Welt dar und steht folglich in Analogie zu der Welt. Wenn man nun für eine bestimmte Frage eine Karte zieht, erhält man durch die Karte die Qualität gezeigt, in der sich das befindet, auf das sich die Frage bezieht.

- In der Magie wird mithilfe von Wille und Imagination und evtl. auch durch ein Ritual ein Symbol betont, das für das steht, was man erreichen will. Das Symbol ist sozusagen die Analogie-Essenz, d.h. die erwünschte Qualität. Wer reich werden will, benutzt z.B. die Symbole, die dem Jupiter („①Jupiter") oder dem Münz-König („①Münz-König") aus dem Tarot entsprechen.
Die Betonung auf dieses Symbol ruft dann das Gewünschte durch die Analogie („①") herbei.

III 3. c)   Die Quantenverschränkung

Vermutlich ist die sogenannte „Quantenverschränkung" aus der Physik ein Beispiel für eine Analogie-Wirkung in der Physik. Der Begriff „Quantenverschränkung" bedeutet, daß zwei Quanten in ihrem Verhalten aneinander gekoppelt sind und sich symmetrisch verhalten, obwohl es zwischen ihnen keine direkte Wirkung gibt. Die beiden betrachteten Quanten halten eine Symmetrie aufrecht, die keinen kausalen Austausch einer Information oder einer Wirkung zwischen diesen beiden Quanten braucht.

III 3. d)   Die Mythologie

In den mythologischen Weltbildern sind die Analogien das grundlegende Ordnungs-prinzip. Durch diese Analogien wird die Vielfalt der Welt übersichtlich. Einer der wichtigsten Analogie-Komplexe in der Mythologie fast aller Völker beruht auf dem Sonnenlauf:

der Analogie-Komplex der Jahreszeiten					
Jahreszeit	Frühling	Sommer	Herbst	Winter	Frühling
Tageszeit	Morgen	Mittag	Abend	Nacht	Morgen
Himmelsrichtung	Osten	Süden	Westen	Norden	Osten
Getreide	Aussaat	Wachstum	Ernte	Lagern	Aussaat
Mensch	Geburt	Leben	Tod	Jenseits	Wiedergeburt

Aus solchen grundlegenden Analogien entstand u.a. die Vorstellung von dem Korn-gott/Totengott, der in jedem Herbst bei der Ernte stirbt und in jedem Frühjahr beim Keimen des Getreides wiedergeboren wird.

Dieser Gott ist auch das Urbild der Reinkarnation – wobei die Herkunft dieses Bildes zunächst natürlich nur das verwendete Bild erklärt, aber nichts darüber aus-sagt, ob es die Reinkarnation tatsächlich gibt oder nicht.

III 3. e)   Die Richtigkeit

In den Naturwissenschaften wird die Erkenntnis der Strukturen und der Zusammen-hänge angestrebt, die es dann ermöglichen, erwünschte Wirkungen hervorzurufen. So ist z.B. die Mechanik eine der Grundlagen für die Konstruktion von Maschinen. Die angestrebte Qualität ist das „Funktionieren".

In allen magisch-mythologischen Weltbildern gibt es eine entsprechende zentrale Qualität, die man am besten mit „Richtigkeit" übersetzen kann, die aber zudem auch noch die Aspekte der Sicherheit, der Geborgenheit, des Rhythmus und der Schönheit enthält.

Diese Richtigkeit entsteht, wenn man auf die richtige Weise am richtigen Ort han-delt. Dies reicht vom richtigen Aussaattermin über das sorgfältige Herstellen eines

Pfeiles bis hin zu dem Wissen über das eigene Krafttier oder das eigene Horoskop.

Der direkte Zugang zu dieser Richtigkeit ist die eigene Seele, die man im „inneren Gespräch" finden kann. Am anschaulichsten haben die Sumerer die Bedeutung dieser Richtigkeit, die sie „Me" („Mutter-Qualität") nannten, beschrieben: „Ohne das eigene Me gelingt einem nichts, mit dem eigenen Me gelingt einem alles." Die Sumerer suchten dieses „Me" sowohl im eigenen Inneren (Seele) als auch im Außen (Muttergöttin).

Die Sumerer nannten diese Qualität „Me" (Mutter), die Ägypter nannten sie „Ma'at" (Mutter), die Germanen „Sidr" (althergebrachte Weise), die Kelten „Fhirinne" (Wahrheit), die Römer: „Ritus" (Rad), die Slawen „Prawda" (Wahrheit), die Hethiter „Aya" (Rad), die Inder „Rita" (Rad) oder „Dharma" (Versmaß), die Perser „Asha" (Rad), die Griechen „Dikaios" (Gerechtigkeit), die Chinesen Tao („Weg"), die Tibeter „Tashi" (Glück), die Navahos „Hozhong" (Schönheit) usw.

Dieser Begriff läßt sich in so gut wie jedem magisch-mythologischen Weltbild finden, da er die zentrale Vorstellung in einem von Analogien geprägten Weltbild ist.

Es gibt manchmal auch einen Begriff für die „Unrichtigkeit", der z.B. bei den Ägyptern „Isfet" und bei den Hopis „Koyaanisqatsi" lautet.

In den Naturwissenschaften ist die Richtigkeit die mathematische Richtigkeit, also die Übereinstimmung der Quantitäten links und rechts des „="-Zeichens.

In der Magie und in der Mythologie ist die Richtigkeit die passende Analogie, also die Übereinstimmung der Qualitäten links und rechts des „①"-Zeichens.

48

III 4. Kausalität und Gleichzeitigkeit

Die Naturwissenschaften betrachten Kausalitäten, also Wirkungszusammenhänge in der Zeit. Daraus ergibt sich ein Bild, das sich vollständig an dem Zeitstrahl und an Quantitäten orientiert.

Die Magie betrachtet hingegen Analogien, also Gleichzeitigkeiten von Zuständen und Ereignissen. Daraus ergibt sich ein Bild, das ganz in dem Augenblick ruht und sich an Qualitäten orientiert.

Aus diesem Unterschied folgt, daß die Naturwissenschaften und die Magie aus ganz verschiedenen Richtungen auf die Welt schauen und folglich auch zwei ganz verschiedene Beobachtungsergebnisse erhalten.

Aus diesem Unterschied folgt weiterhin, daß man die Magie nicht mit den Naturwissenschaften erklären kann und genausowenig die Naturwissenschaften mit der Magie erklären kann. Die Naturwissenschaften und die Magie untersuchen die Welt von verschiedenen Standpunkten aus, betrachten unterschiedliche Aspekte der Welt und führen auch verschiedene Experimente durch.

Da die Naturwissenschaften und die Magie jedoch dieselbe Welt betrachten und beschreiben, sollten sich die Beobachtungsergebnisse der Naturwissenschaften und der Magie zu einem umfassenderen Weltbild kombinieren lassen.

Die Naturwissenschaften schauen mit dem einen Auge – die Magie schaut mit dem anderen Auge. Es wäre doch erfreulich, die Welt einmal so zu sehen, wie sie aussieht, wenn man beide Augen geöffnet hat ...

III 4. a) Physikalische Größen aus der Sicht der Magie

Physikalische Größen wie Volumen, Gewicht, Temperatur, Art der Substanz usw. werden in Menge und Art angegeben wie z.B. „4km", „32°C" oder „3 Liter Wasser".

Aus der Sicht der Magie sind die Angaben „km", „°C" und „Wasser" deutlich interessanter als die Zahlen, die vor diesen Angaben stehen. „Wasser" läßt sich eindeutig der Qualität des Elementes „Wasser" zuordnen, bei den Temperaturen („°C") besteht vermutlich ein Zusammenhang zu dem Element Feuer, während sich „km" kaum einordnen läßt – vielleicht besteht ein Zusammenhang zu dem Element Erde.

Die Zahl vor der Bezeichnung gibt an, wieviel es von dem Bezeichneten gibt. Dem entspricht in der Magie in etwa das Maß an Konzentration auf das Bezeichnete.

III 4. b)   Magische Zusammenhänge aus der Sicht der Physik

Magische Größen werden als Qualitäten angegeben: „ein Schwert auf dem Altar als Symbol des Mars" oder „dreimal das buddhistische Herz-Sutra rezitieren" oder „das Horoskop des Betreffenden berechnen und deuten".

In allen drei Fällen wird präzise eine Qualität beschrieben: Mars, Herzchakra/ Buddha und Horoskop/Selbsterkenntnis. Dies entspricht den Bezeichnungen hinter den Zahlen der physikalischen Angaben wie „3km" oder „1kg Eisen".

Eine präzise Mengenangabe wie bei den physikalischen Größen sucht man bei den magischen Angaben vergeblich – allerdings wird z.B. gesagt, daß man das Schwert dem Mars weihen, das Herzsutra mit voller Konzentration rezitieren und das Horoskop möglichst anschaulich deuten soll.

Diese hier durch die Weihung, die Konzentration und die Anschaulichkeit geforderte Intensität entspricht den Zahlen vor den physikalischen Größen. Diese „magischen Mengenangaben" sind allerdings nicht präzise durch Zahlen ausdrückbar, sondern nur durch das Intensitäts-Niveau, das man erreichen muß, damit das Vorhaben wirksam wird.

III 4. c)   Vergleich

Wie die beiden vorstehenden Betrachtungen zeigen, benutzen sowohl die Naturwissenschaften als auch die Magie „Maß und Zahl". Während die Naturwissenschaften jedoch stets die präzisen Mengen einer einzigen Qualität messen und vergleichen, betrachtet die Magie eine präzise Qualität und ihre Intensität.

Die Intensität ist sozusagen die auf das Symbol, also auf die Analogie ausgerichtete „Bewußtseins-Menge". Diese Intensität ist für die Effektivität der Magie verantwortlich.

In der Magie werden sowohl die richtige Analogie (Qualität) als auch eine ausreichende Intensität benötigt:

    - Eine präzise Auswahl der Analogie ergibt eine präzise Qualität, aber wenn die Intensität „0" ist, passiert nichts.

    - Eine hohe Intensität mit einer sehr unpräzisen Analogie hat hingegen entweder keine oder eine unerwünschte Wirkung.

Sowohl die Naturwissenschaften als auch die Magie benutzen also „Maß und Zahl" – aber in sehr verschiedener Weise.

Am deutlichsten ist der Unterschied zwischen beiden Betrachtungsweisen in Bezug auf die Zeit: Die Naturwissenschaft betrachtet die zeitliche Entwicklung eines Vorgangs – die Magie betrachtet die Gleichzeitigkeit von Ereignissen.

Dieser Unterschied läßt sich als ein Diagramm darstellen, in dem die senkrechte Achse die Zeit ist und die waagerechte Achse die Gegenwart und der Ort. Die Physik betrachtet alle Dinge entlang der Zeit-Achse in ihrer zeitlichen Entwicklung – die Magie betrachtet alle Dinge quer zu dieser Achse als Analogie in einem bestimmten Augenblick.

Die Zeit in der Physik und in der Magie

Zukunft

Zeit

Physik:
kausale Entwicklung

Gegenwart   Ort

Magie:
Analogie von Qualitäten

Vergangenheit

die Physik betrachtet die senkrechte Achse: Veränderungen im Fluß der Zeit
die Magie betrachtet die waagerechte Achse: Analogien in der Gegenwart

Innerhalb dieses Diagrammes könnte man die Physik als das „vertikale Weltbild" und die Magie als das „horizontale Weltbild" bezeichnen.

51

IV Vergleich: Formen in Physik und Magie

Da die Physik und die Magie dieselbe Welt beschreiben, sollten sich beide Betrachtungsweisen zu einem einheitlichen Weltbild zusammenfassen lassen.

Allerdings stellt sich dabei die Frage, wie man die Punkte finden soll, an denen sich die beiden Weltbilder auf sinnvolle Weise miteinander in Bezug setzen lassen: In dem magischen Weltbild gibt es keine präzisen Mengenangaben und in dem physikalischen Weltbild gibt es keine Analogien …

Das, was in beiden Weltbildern jedoch gleich ist, sind die Strukturen und Dynamiken, die bei der Betrachtung der Welt sichtbar werden. Die kleinsten Einheiten von Strukturen sind ganz schlicht die Winkel zwischen zwei Dingen. Es gibt jedoch auch etliche deutlich komplexere Strukturen, die sich sowohl in der Physik als auch in der Magie finden lassen.

Somit kann man das einheitliche Weltbild noch ein gutes Stück weiterentwickeln, indem man die Strukturen betrachtet, die beiden Weltbildern gemeinsam sind. Diese Strukturen scheinen demnach (bildlich gesprochen) so etwas wie „Gottes Skizzen" zu sein, nach denen er die Welt entworfen hat … Die Naturwissenschaften und auch die Magie können aufgrund ihrer einseitigen Betrachtungsweisen nur jeweils einen Ausschnitt dieses „göttlichen Bauplans" erfassen. Der Teil dieses „Bauplans", den man jedoch von beiden Betrachtungsweisen aus sehen kann, muß ein sehr zentraler, fundamentaler Teil dieses Bauplans sein.

Der Vergleich der übereinstimmenden Strukturen in Physik und Magie könnte daher interessante Erkenntnisse über die Welt zutage fördern.

IV 1. Struktur: Die Winkel

Die einfachste aller Strukturen ist der Winkel. Die Winkel haben in der Physik dieselben Qualitäten wie in der Magie, der Astrologie und der Steinheilkunde.

IV 1. a) Der Winkel von 0°

Dieser Winkel bedeutet, daß zwei Dinge beieinander sind, aneinanderliegen, zueinander hingezogen werden, miteinander verbunden sind.

Es ist ein 360°-Schritt nötig, um wieder zum Ausgangspunkt zu gelangen.

Physik: In der physischen Welt entspricht diesem Winkel die Gravitation, die alle Dinge zueinander zieht. Diese Kraft ist sozusagen „einpolar", da es keine verschiedenen Formen oder Ausrichtungen der Gravitation gibt: Alles zieht alles an.

Die Form, die durch die Gravitation erschaffen wird, ist die Kugel: Sonnen, Planeten und Monde.

Die beiden Elektronen in der innersten Elektronenhülle eines Atomkerns, also im sogenannten „s-Orbital", haben die Form einer Kugel.

Magie: In der Astrologie ist die Konjunktion der 0°-Winkel: Zwei Planeten gehen eine „Ehe" ein und erscheinen immer gemeinsam und wirken stets gemeinsam.

Qualität: Dieser Winkel verkörpert Identität, Zusammenhalt und Integration.

IV 1. b) Der Winkel von 180°

Bei einem Winkel von 180° stehen sich zwei Dinge gegenüber – sie sind „zwei-polar".

Es sind zwei 180°-Schritte nötig, um wieder zum Ausgangspunkt zu gelangen.

Physik: Die zweipolare Kraft in der Welt ist die elektromagnetische Kraft. Sie hat die beiden elektrischen Ladungen „+" und „–" sowie die beiden magnetischen Pole „Nord" und „Süd". Sie treten als Magnetfelder in Erscheinung, die z.B. an den Polen von Galaxien, Sonnen und Planeten austreten und dort gebündelte Strahlen bilden, die weit in das Weltall hinausragen (z.B. am Nordpol und am Südpol der Erde).

Man kann auch den ausweitenden Urknallimpuls und die zusammenziehende Gravitation als eine solche Polarität ansehen.

Die zweitinnerste Elektronenhülle der Atome, d.h. das „p-Orbital", hat die Gestalt von zwei Kugeln, die sich vom Atomkern aus gesehen gegenüberstehen.

Ein ganz einfaches Beispiel für einen 180°-Winkel ist die Schaukel, die zwischen zwei Polen hin- und herschwingt.

Magie: In der Astrologie ist die Opposition der 180°-Winkel. Durch diesen Aspekt werden zwei Planeten als Ergänzungs-Gegensätze miteinander verbunden.

Auch die Tierkreiszeichen, die sich im Tierkreis gegenüberstehen, bilden Ergänzungs-Gegensätze: das „Ich" des Widders und das „Du" der Waage, das Aufnehmen des Stier und das Ausscheiden des Skorpions, die Neugier des Zwillings und die Zielgerichtetheit des Schützen, das „Innen" des Krebses und das „Außen" des Steinbocks, das Besondere des Löwen und das Allgemeine des Wassermanns, sowie das Detail der Jungfrau und die Weite der Fische.

Das „I Ging"-Orakel beruht auf der Betrachtung der Verwandlungsmöglichkeiten des Yin/Yang-Grundgegensatzes in der Welt. Ganz ähnliche Paare von Ergänzungs-Gegensätzen sind in der Mythologie Feuer und Wasser (Germanen), Erde und Wasser (Mesopotamien), Erdgott und Himmelsgöttin (Ägypter), Sulphur und Mercurius (Alchemie) usw.

Auch der innere Mann und die innere Frau sowie das Prinzip der zwei Geschlechter ganz allgemein gehören zu diesen grundlegenen Polaritäten.

Das I Ging ist binär aufgebaut, d.h. es gibt zwei Grundqualitäten: Yin und Yang. Dasselbe Grundprinzip findet sich auch in dem westafrikanischen Ifa-Orakel.

Diese Ordnung geht auf das Zahlensystem der Menschen in der Altsteinzeit zurück, von dem sich in den frühen Kulturen viele Überreste finden lassen. In diesem System wurde auf die einfachste mögliche Weise gezählt: Es gab nur die Zahlen „1", „2", „4" und „8". Mit ihnen konnte man alle Mengen bis 15 präzise bezeichnen – und größere präzise Zahlen brauchte man damals noch nicht. Eine „7" war z.B. eine „4+2+1" und eine „11" war eine „8+2+1".

In dem heutigen Dezimalsystem wird eine komplizierte, aber auch effektivere Weise des Bezeichnens von Mengen verwendet. So ist eine „147" z.B. eine komplexe Rechnung: „$1 \cdot 100 + 4 \cdot 10 + 7 \cdot 1$".

Durch das Kombinieren der beiden Ursprungs-Qualitäten Yin und Yang zu „Yin-Yin, Yin-Yang, Yang-Yin und Yang-Yang" entstanden die vier einfachen Qualitäten. Durch eine weitere Kombination dieser vier Bigramme mit Yin und Yang ergeben sich die acht Trigramme. Durch die Kombination von je zwei Trigrammen entstehen schließlich die 64 Hexagramme. Diese Hexagramme werden dann auf einem $8 \cdot 8$ Felder großen Raster angeordnet (das ist auch der Ursprung des Schach-Bretts und des Dame-Bretts).

Im Ifa-Orakel ist man noch einen Schritt weiter gegangen und hat 256 Qualitäten entwickelt, die auf einen $16 \cdot 16$ Felder großen Raster angeordnet werden.

Diese beiden Orakel illustrieren die Qualität der „2", die durch Verdopplung immer differenzierter wird: $2 \cdot 2 \cdot 2 \cdot 2 \cdot 2 \cdot 2 \cdot 2 \cdot 2 = 256$.

Qualität: Der 180°-Winkel hat den Charakter eines Ergänzungs-Gegensatzes.

55

IV 1. c) Der Winkel von 120°

In einem gleichseitigen Dreieck finden sich drei Innenwinkel von 120°. Dieser Winkel ist somit „dreieckig" bzw. „dreipolar".

Es sind drei 120°-Schritte nötig, um wieder zum Ausgangspunkt zu gelangen.

Physik: In der Physik findet sich in den Atomkernen und in den Protonen und Neutronen eine dreipolare Kraft, die „Farbkraft" genannt wird. Bei der Gravitation gibt es nur einen einzige Polarität; bei der elektromagnetischen Kraft gibt es zwei Pole („+" und „-"), die zusammen das neutrale „0" ergeben; bei der Farbkraft gibt es drei Pole („rot", „gelb", „blau"), die zusammen das neutrale „0" („weiß") ergeben. Diese Farbkraft stellt einen sehr großen Zusammenhalt dar – sie ist die stärkste aller Kräfte.

Magie: Der astrologische 120°-Aspekt wird „Trigon" („Dreieck") genannt. Er stellt eine „Freundschaft", also einen festen Zusammenhalt zwischen zwei Planeten dar.

Im Tierkreis bilden die drei Tierkreiszeichen mit demselben Element (Feuer, Wasser, Luft oder Erde) ein Dreieck.

In der Steinheilkunde fördern die Mineralien mit einem trigonalen (dreieckigen) Kristallgitter Einfachheit, Beständigkeit, Rhythmus, Beschaulichkeit, Genuß, Friedfertigkeit, natürliche Klarheit, Toleranz, Ausgeglichenheit und Freundschaften – was genau der Qualität des astrologischen Trigons entspricht.

Qualität: Der 120°-Winkel schafft beständige, feste Verbindungen.

Die drei Grundkräfte			
	Gravitation	*elektromagnetische Kraft*	*Farbkraft*
Energiequant	Graviton	Photon	Gluon
Winkel	0° $(360°:1=360°=0°)$	180° $(360°:2=180°)$	120° $(360°:3=120°)$
Polarität	einpolar	zweipolar	dreipolar
Form	Punkt	Ergänzungs-Gegensatz	Dreieck
astrologischer Aspekt	Konjunktion	Opposition	Trigon
Reichweite	unendlich	unendlich	$2,5 \cdot 10^{-15}$m
relative Stärke	1	10^{37}	10^{39}
Graphik			

57

IV 1. d)   Der Winkel von 90°

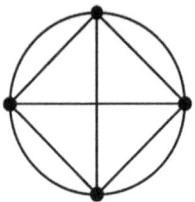

Vier Winkel von 90° ergeben in einem Kreis ein Quadrat. Dieser Winkel hat daher einen „eckigen" Charakter.

Es sind vier 90°-Schritte nötig, um wieder zum Ausgangspunkt zu gelangen.

Physik: Das bekannteste „Quadrat" in der Physik ist vermutlich der „Aufbau" des Lichtes, also der elektromagnetischen Welle (Photon). In dieser Welle steht die magnetische Welle stets in einem 90°-Winkel zu der elektrischen Welle. Beide Wellen schwingen um dieselbe Achse, also um die Flugrichtung des Photons. Dabei ist die Energie des Photons abwechselnd in der elektrischen und in der magnetischen Welle. Die Energie befindet sich nacheinander an folgenden Positionen: oben (elektrisch), rechts (magnetisch), unten (elektrisch), links (magnetisch), oben (elektrisch), rechts (magnetisch) usw. Der Wechsel der Energie zwischen der elektrischen und der magnetischen Phase ist folglich ein Kreis: oben – rechts – unten – links – oben – rechts usw. Aus der Überlagerung der geraden Flugrichtung des Photons mit dem kreisförmigen Wechsel seiner Energie zwischen der elektrischen und der magnetischen Welle ergibt sich eine spiralförmige Bewegung.

Die d-Orbitale in der Elektronenhülle eines Atoms bilden ein Quadrat bzw. ein „Kreuz", d.h. die Achsen der beiden Elektronenpaare stehen im rechten Winkel zueinander.

Die vier Himmelsrichtungen stehen vom „Hier" aus gesehen in rechten Winkeln zueinander. Sie sind die grundlegende Orientierung im Raum.

Das kartesianische Koordinatensystem besteht aus zwei Achsen, die sich im rechten Winkel schneiden, oder, wenn es sich um ein räumliches System handelt, um drei solcher Achsen.

Magie: Der astrologische Quadrat-Aspekt ist wie eine Zeltstange: Er hält zwei Dinge auseinander und erschafft dadurch Raum und Freiheit.

Im Tierkreis bilden die drei Tierkreiszeichen mit derselben Dynamik (kardinal, fix oder beweglich) ein Quadrat.

Das kubische Kristallgitter besteht ausschließlich aus rechten Winkeln, weshalb auch die Kristalle selber kubisch, d.h. würfelförmig sind. Sie fördern Ordnung, Überschau, Struktur, Festigkeit, Sicherheit, Kausalität, Kontrolle, Festigkeit, Regelung und Überblick. Dies entspricht dem Charakter des astrologischen Quadrates, da dieses durch seine Weite und Trennung Raum schafft, ordnet und den Wunsch nach Offenheit, Aufrichtigkeit und Direktheit entstehen läßt – so wie man früher manchmal sagte: „rechtwinklig an Leib und Seele".

Qualität: Der 90°-Winkel („Quadrat") hat durchgängig den „sperrigen" Charakter des Aufspannens eines Raumes.

IV 1. e) Der Winkel von 60°

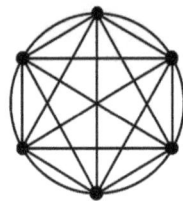

Dieser Winkel entsteht, wenn sich viele gleichartige Elemente versammeln – er ist der Winkel der Gruppenbildung.

Es sind sechs 60°-Schritte nötig, um wieder zum Ausgangspunkt zu gelangen.

Physik: Auf derselben Umlaufbahn um einen Planeten können insgesamt sechs Monde kreisen, wenn sie alle von dem Planeten aus gesehen einen Abstand von 60° haben. Bei fast jedem Planeten finden sich vor und hinter ihm im Abstand von 60° auf seiner Umlaufbahn einige „Mini-Monde", die „Trojaner" genannt werden.

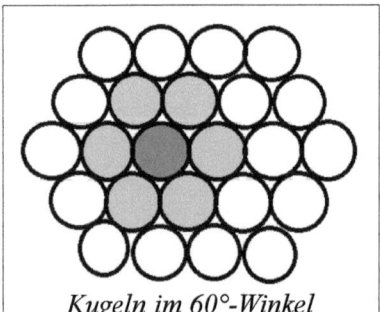

Kugeln im 60°-Winkel

Wenn man gleichgroße Kugeln (Klickern o.ä.) in einem Eimer aufbewahrt, legen sie sich in 60°-Winkeln zueinander.

Da auch Protonen und Neutronen Kugeln und zudem fast gleichgroß sind, bilden sie in den Atomkernen und auch in den Neutronensternen 60°-Winkel zueinander.

Das Prinzip der Verbindung einer großen Anzahl gleicher Elemente zu einem Gefüge durch den 60°-Winkel findet sich auch in dem Aufbau von großen Molekülen aus Kohlenstoff bzw. aus Silizium. Diese beiden Atomsorten haben vier freie Elektronen (ihre „Kontaktarme" für die Verbindung mit anderen Molekülen) und können sich daher zu sehr komplexen Molekülen zusammenschließen.

Dabei bilden sie häufig „Ringe", die eigentlich regelmäßige Sechsecke sind: der Kohlenstoff den bekannten Benzolring und das hexagonal kristallisierende Graphit sowie das Silizium die Schichtsilikate und die Gerüstsilikate, die besser als „Quarz" oder „Bergkristall" bekannt sind.

Diese „Ringe" aus Kohlenstoff bzw. Silizium haben die Form einer Wabe. Der Unterschied zwischen einem Quarz und einem Bergkristall besteht darin, das in einem Quarz jede Schicht ein großes Molekül bildet und im Bergkristall der gesamte

60

Kristall ein einziges Molekül ist. In einem Bergkristall sind also alle Atome miteinander durch Elektronenpaare, die in 60°-Winkeln liegen, verbunden.

60°-Ring-Moleküle			
Kohlenstoff		*Silicium*	
Benzol-Ring C_6H_6	*Graphit* C_n	*Quarz* SiO_2 *Schicht-Moleküle*	*Bergkristall* SiO_2 *räumliche Moleküle*

Auch innerhalb der Atomhüllen der Atome findet sich das 60°-Gestaltungsprinzip
wieder. Auf das zweitinnerste Orbital eines Atoms passen genau acht Elektronen,
wobei sich diese acht Elektronen auf ein „senkrechtes" Elektronenpaar (p-Orbital)
und auf einen „waagerechten" Kreis von sechs Elektronen (f-Orbital) aufteilen, die
wabenförmig in 60°-Winkeln angeordnet sind.

Der Aufbau der Schneeflocken durch 60°-Winkel ist allgemein bekannt:

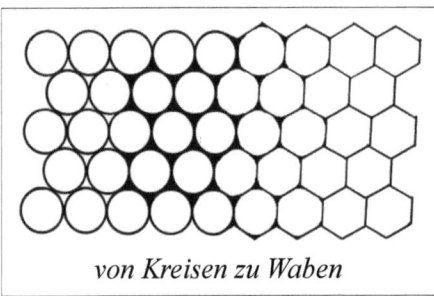

von Kreisen zu Waben

Aus den zusammengelagerten Kreisen (Kugeln) entstehen durch die Verschmelzung, Verdünnung und Begradigung der Ränder Waben. Die Innenwinkel der Waben betragen 60°.

Wenn man nach der kürzesten Verbindung zwischen vier in einem Quadrat angeordneten Punkten sucht, wird man in der Regel zunächst einmal vermuten, das diese kürzeste Verbindung durch die drei Seitenlinien des Quadrates erreicht wird. Bei näherer Betrachtung fällt dann vermutlich auf, das die beiden sich kreuzenden Diagonalen insgesamt noch ein Stück kürzer sind als die Gesamtlänge von drei Seitenlinien. Allerdings ist dies noch immer nicht die kürzeste mögliche Verbindung, denn diese beruht auf dem vom 60°-Winkel geprägten Wabenmuster und sieht wie folgt aus:

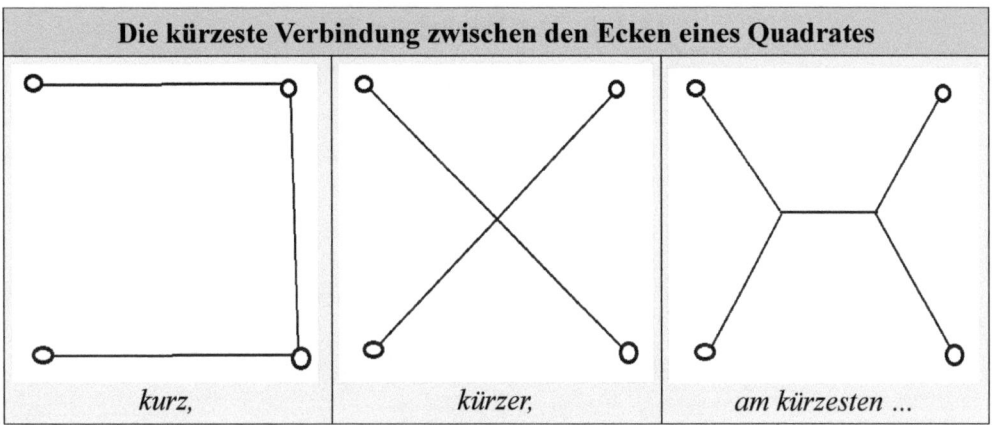

Die kürzeste Verbindung zwischen den Ecken eines Quadrates		
kurz,	kürzer,	am kürzesten ...

Magie: Das Sextil fügt in der Astrologie zwei Planeten zu einer Gruppe zusammen, die zusammenwirken kann, aber nicht muß. Das Sextil ist der Geselligkeits-Aspekt.

Sechs aufeinander folgende Sextile verbinden im Tierkreis in der Form einer Wabe entweder die drei Feuer-Zeichen mit den drei Luft-Zeichen oder die drei Wasser-Zeichen mit den drei Erd-Zeichen. Auf diese Weise entsteht die aktive Feuer/Luft-Gruppe und die passive Wasser/Erde-Gruppe.

„Blume des Lebens"

In der Magie wird manchmal die 60°-Rosette für Harmonisierungen benutzt. Diese Graphik wird oft „Blume des Lebens" genannt.

Die Mineralien mit einem hexagonalen Kristallgitter fördern Effizienz, Zielstrebigkeit, Konsequenz, Geradlinigkeit, Aufrichtigkeit, Klarheit, analytisches Denken, Beweglichkeit in Strategie und Taktik sowie Kritikfähigkeit. Hier geht es eher um die Durchführung als um die Lenkung: Handwerker, aber keine Manager. Dies entspricht dem astrologischen Sextil-Aspekt.

Qualität: Der 60°-Winkel bildet harmonische Gruppen gleicher oder sehr ähnlicher Elemente.

63

IV 1. f)   Der Winkel von 30°

Der 30°- Winkel findet sich in der Physik an einer sehr zentralen Stelle: im Superstring.

Es sind zwölf 30°-Schritte nötig, um wieder zum Ausgangspunkt zu gelangen.

Physik: Die heutige Physik beschreibt alle Teilchen und Energiequanten als Superstrings. Ein Superstring sieht (stark vereinfacht gesagt) wie eine kreisförmige, schwingende Saite aus. Der kleinste Superstring ist in zwölf Zonen unterteilt, die abwechselnd ein Wellenberg und ein Wellental sind. Von der Mitte des Superstrings aus gesehen, sind diese zwölf Kreis-Abschnitte jeweils 30° groß.

Das Prinzip der Weiterentwicklung, das den astrologischen 30°-Aspekt prägt, findet sich in der Physik als Hitze, in der Chemie als Katalysator und in der Biologie als Enzym wieder: das Element, das die Verwandlung anregt. Es sind hier jedoch keine konkreten 30°-Winkel erkennbar.

Magie: Das 30° große Halbsextil ist in der Astrologie der Aspekt, der die Weiterentwicklung eines Zustandes zu dem nächsten Zustand anregt, der sich logisch aus dem ersten Zustand ergibt.

Zudem ist auch die Grundlage der Astrologie, d.h. der Tierkreis selber, in zwölf gleichgroße Abschnitte von 30°, eben in die zwölf Tierkreiszeichen aufgeteilt.

Von ihrer Funktion her würden auch Lehrer, Gurus, Therapeuten u.ä. zu den „Menschen mit Halbsextil-Qualität" gehören. Auch hier fehlt jedoch der konkrete 30°-Winkel.

Qualität: Der 30°-Winkel weist auf eine Verwandlung und Weiterentwicklung hin.

IV 1. g) Der Winkel von 150°

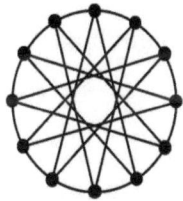

Dieser Winkel ist zwar aus der Astrologie bekannt (wo er sehr markant ist), aber ansonsten scheint er keine Rolle zu spielen.

Es sind zwölf 150°-Schritte nötig, um wieder zum Ausgangspunkt zu gelangen. Der 150°-Aspekt ist der einzige der hier betrachteten Winkel, der mehrmals den gesamten Kreis durchlaufen muß, um wieder an seinen Ausgangspunkt zu gelangen. Dabei berührt er wie der 30°-Winkel alle zwölf Punkte. Man kann also schon aus dieser geometrischen Besonderheit schließen, daß er dem 30°-Winkel ähnlich ist, aber zugleich deutlich unruhiger sein wird.

Physik: Entsprechend der Qualität dieses Winkels in der Astrologie könnte man vermuten, daß bei der ständigen Verwandlung von Neutronen in Protonen und umgekehrt im Atomkern der 150°-Winkel eine Rolle spielt.

Möglicherweise gehört auch die schwache Wechselwirkung zu dieser Winkel-Qualität, da diese bei Verwandlungen im Atomkern (Zerfallsprozesse) wirksam ist.

Diese Verwandlungen würde gut dazu passen, daß der 150°-Aspekt schon rein geometrisch betrachtet alle zwölf möglichen Punkte im Kreis berührt und dabei sehr unruhige Sprünge macht.

Magie: In der Astrologie stellt das Quincunx, also der 150°-Aspekt, das ständige Aufräumen, Ordnen, Säubern, Spannen, Ernähren, Pflegen usw. dar.

Qualität: Der 150°-Winkel hat vermutlich die Qualität einer ständigen Verwandlung und Neuordnung.

65

IV 1. h) Zusammenfassung

Die Qualität der Winkel		
Winkel	*Qualität*	
	Naturwissenschaften	*Magie /Mythologie u.ä.*
0°	Identität und Zusammenhalt	
	- Gravitation - s-Orbitale	- Astrologie: Konjunktion
30°	Anregung und Weiterentwicklung	
	- die Abschnitte des zwölfgeteilten Superstring-Kreises - Physik: Hitze, zündender Funke - Chemie: Katalysator - Biologie: Enzym	- Astrologie: Halbsextil
60°	Gruppenbildung gleicher Elemente	
	- platzsparendste Anordnung gleicher Elemente - viele gleiche und eng gelagerte Kugeln in einer Fläche - viele gleiche und eng gelagerte Kugeln im Raum (Atomkern, Neutronenstern) - Bienenwaben - Schneeflocken - Kohlenstoff-Moleküle (Benzol-Ring) - Silicium-Moleküle (Quarz) - mehrere Monde in derselben Umlaufbahn - f-Orbitale - 60°-Rosette - kürzeste Verbindung zwischen den Ecken eines Quadrats	- Astrologie: Sextil - Hexagonales Kristallgitter

66

Die Qualität der Winkel		
Winkel	*Qualität*	
	Naturwissenschaften	*Magie /Mythologie u.ä.*
90°	Aufspannen eines Raumes	
	- Himmelsrichtungen - Koordinatensystem - elektromagnetische Welle - d-Orbitale	- Astrologie: Quadrat - kubisches Kristallgitter - Symbolik der Himmelsrichtungen
120°	fester, untrennbarer Zusammenhalt	
	- Farbkraft	- Astrologie: Trigon - trigonales Kristallgitter
150°	ständige Verwandlung	
	- schwache Wechselwirkung	- Astrologie: Quincunx
180°	Ergänzungs-Gegensatz	
	- elektromagnetische Kraft $(+ / -)$ - Urknallimpuls und Gravitation - p-Orbitale	- Astrologie: Opposition - Urgottheiten-Paar - zwei Urelemente (Yin und Yang, Sulphur und Mercurius, Feuer und Eis usw.)

67

IV 2. Struktur: Der zwölfgeteilte Kreis

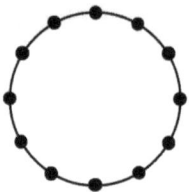

Das Wesen der „12" ist schon kurz betrachtet worden, doch es lohnt sich auch ein genauerer Blick, da diese Zahl eine sehr grundlegende Struktur in der Welt beschreibt.

Wenn man nach zwölfteiligen Systemen sucht, kann man so allerlei finden. Es ist jedoch sinnvoll, sich das Gefundene genauer anzuschauen.

IV 2. a) Der Tierkreis

Die tatsächliche Existenz des Tierkreises kann man jederzeit nachprüfen, indem man ein Horoskop berechnet. Dieser Tierkreis ist also etwas, was man in der Welt finden kann.

Man weiß natürlich nicht, ob das aus Mesopotamien stammende Duodezimalsystem, das auf der „12" beruht und nicht auf der „10" wie das Dezimalsystem, aufgrund des Tierkreises formuliert worden ist oder ob das Duodezimalsystem zuerst da gewesen ist und dann ganz einfach zu dem Tierkreis gepaßt hat.

IV 2. b) Die mythologischen Zwölfergruppen

Nachdem die „12" spätestens durch die Entdeckung des Tierkreises zu einem Symbol der Vollständigkeit und somit zu einem Symbol des Runden und Ganzen geworden ist, lag es nahe, überall dort, wo man eine Gruppe als vollständig und somit auch als vollkommen charakterisieren wollte, Zwölfergruppen gebildet hat: die zwölf Blütenblätter des Herzchakras, die zwölf Götter auf dem Olymp, die zwölf Asen in Asgard, die zwölf Apostel, die zwölf Ritter der Artusrunde usw.

IV 2. c)   Der Farbkreis

Manche Zwölfer-Kreise sehen zunächst recht überzeugend aus, aber stellen sich bei genauerer Betrachtung dann doch als eher willkürlich heraus. Dazu gehört der Farbkreis.

Die drei Grundfarben sind rot, gelb und blau – man kann sie als Dreieck darstellen. Durch das Mischen von je zwei Farben erhält man orange (gelb/rot), violett (rot/blau) und grün (blau/gelb) – man kann sie als Sechseck (Wabe) darstellen. Wenn man jetzt noch einmal die jeweils nebeneinanderstehenden Farben mischt, erhält man einen zwölfteiligen Kreis: rot – rotorange – orange – goldgelb – gelb – maigrün – grün – türkis – blau – blauviolett – violett – rotviolett – rot.

Dieser Zwölferkreis hat jedoch drei Makel:

1. In ihm fehlen die ganzen Brauntöne, die durch das Mischen aller drei Grundfarben entstehen.

2. In ihm fehlen die Farben „weiß" und „schwarz".

3. Die drei Grundfarben beruhen darauf, daß wir Menschen in unseren Augen drei Rezeptoren haben, die drei verschiedene Wellenlängen des Lichtes wahrnehmen können. Die Anzahl dieser Rezeptoren ist jedoch bei anderen Lebewesen ganz anders – es gibt Insekten, die sechzehn verschiedene Licht-Rezeptoren haben und die u.a. auch UV-Licht und die Polarisierung des Lichtes wahrnehmen können, was für uns beides vollkommen unsichtbar ist.

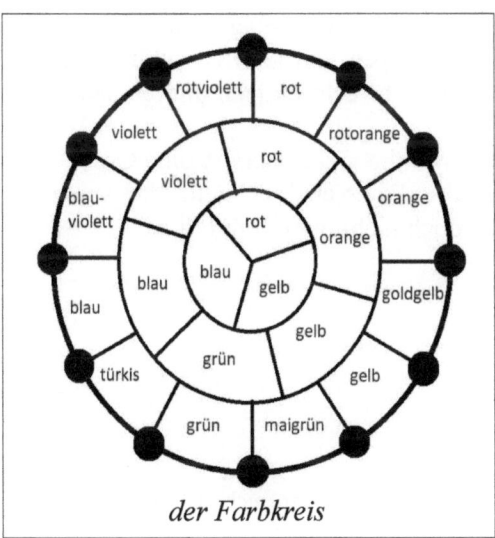

der Farbkreis

Der Farbkreis hat somit zwar zwölf Teile, aber er ist keine fundamentale, sondern eine zufällige Zwölferstruktur.

Das zeigt sich auch schon in der Graphik, wenn man die Mischung der angeführten zwölf Farben veranschaulicht – es fehlt die überzeugende Symmetrie ...

69

IV 2. d)   Die Hirnnerven

Vom menschlichen Gehirn aus gehen zweimal zwölf Nervenbahnen in den Körper zu verschiedenen Bereichen (eine Zwölfergruppe in die linke, eine in die rechte Körperhälfte). Da sich jedoch keine überzeugende Zuordnung zu den zwölf Tierkreiszeichen finden läßt, scheint die Zwölfzahl an dieser Stelle Zufall zu sein.

Leider habe ich nicht herausfinden können, ob diese Zwölferteilung nur beim Menschen oder allgemein bei allen Tieren mit einem komplexeren Nervensystem vorhanden ist. Falls die zwölf Hirnnerven eine allgemeine Struktur sein sollten, wäre sie vermutlich doch eine fundamentale Struktur, die auf dem Charakter der „12" beruht. Dann wäre eine gründlichere Erforschung des Zusammenhanges zwischen den Hirnnerven und dem Tierkreis notwendig.

Bei dieser Untersuchung könnte es hilfreich sein, mit den einfachsten Beispielen für zwölf Hirnnerven zu beginnen, da sich im Laufe der Evolution manchmal Zusammenhänge und Symmetrien, die anfangs klar erkennbar gewesen sind, verändert haben und dabei ihre Symmetrie teilweise verloren haben.[5]

IV 2. e)   Die Akupunktur-Meridiane

Es gibt in der chinesischen Medizin Punkte auf dem Körper, die man bei der Akupunktur, der Akupressur, der Massage, der Meditation usw. benutzt, um bestimmte Wirkungen im Körper hervorzurufen.

Diese Akupunkturpunkte liegen auf Linien, die „Meridiane" genannt werden. Wie die Gehirnnerven treten sie in zwei gleichen Gruppen von jeweils zwölf Linien auf dem Körper auf. Die meisten von ihnen lassen sich recht einfach und eindeutig den Tierkreiszeichen zuordnen.

Da diese Meridiane gut erforscht sind und wie die Gehirnnerven eine Gruppe von $2 \cdot 12$, also als 12 Paare auftreten, steigt die Wahrscheinlichkeit, daß auch die Zwölfzahl der Gehirnnerven beim Menschen doch nicht nur ein Zufall ist.

---

5   Diese Zusammenhänge und Entwicklungen habe ich in meinem Buch „Chakren und Organe" ausführlich dargestellt.

IV 2. f) Die Organuhr

Die chinesische Organuhr ordnet die Organe jeweils einem Zwölftel des Tages zu – jedes Organ ist also 2 Stunden lang besonders aktiv. Diese Organ-Folge entspricht zum größten Teil dem Tierkreis. Die Organuhr scheint somit eine fundamentale Ordnung zu sein, auch wenn sie noch nicht vollständig dem Tierkreis zugeordnet werden kann.

IV 2. g) Die Uhr

Die 24 Stunden des Tages, also die 12 Tag-Stunden und die 12 Nacht-Stunden sind offensichtlich keine fundamentale Ordnung, sondern schlicht ein Raster, das auf der Grundlage des Duodezimalsystems erschaffen worden ist.

IV 2. h) Superstring und Tierkreis

Der Tierkreis ist die grundlegende Struktur der Astrologie. Wenn die Welt wirklich nach dem Prinzip „Innen = Außen" konstruiert sein sollte, müßte sich der zwölfgeteilte Kreis auch in der Physik an einer zentralen Stelle finden lassen. Dieser zwölfteilige Kreis ist in der Physik die „Heisenberg'sche Spin-Kette", die heute meistens kurz „Superstring" genannt wird.

Der Superstring ist die mathematische Beschreibung aller Elementarteilchen und aller Energiequanten in unserer Welt – also die Grundstruktur von allem, was existiert.

Die eigentliche „Substanz" der Welt ist aus der Sicht der heutigen Physik die Raumzeit. Alle Energiequanten und Elementarteilchen sind Krümmungen der Raumzeit, also sozusagen kleine „Berge" und „Täler" in der Raumzeit. Es gibt letztlich nur die eine, alles umfassende Raumzeit – man kann sie als die physische Entsprechung zu Gott auffassen.

Die Superstrings sind die einfachste Form, in der sich der Raum zu einer „abgegrenzten, unterscheidbaren Einheit" krümmen kann.

Einen solchen Superstring kann man sich wie eine sehr, sehr winzige, kreisförmige Saite vorstellen, die an zwölf Stellen auf- und abschwingt und die somit eine zwölfteilige stehende Welle ist.

Die stehende Welle ist eines der sehr wenigen physikalischen Phänomene, die aus einer Gruppe von gleichgroßen, aber scharf voneinander abgegrenzten Bereichen besteht – und somit eine Entsprechung zum Tierkreis mit seinen zwölf gleichgroßen und scharf voneinander abgegrenzten Tierkreiszeichen ist.

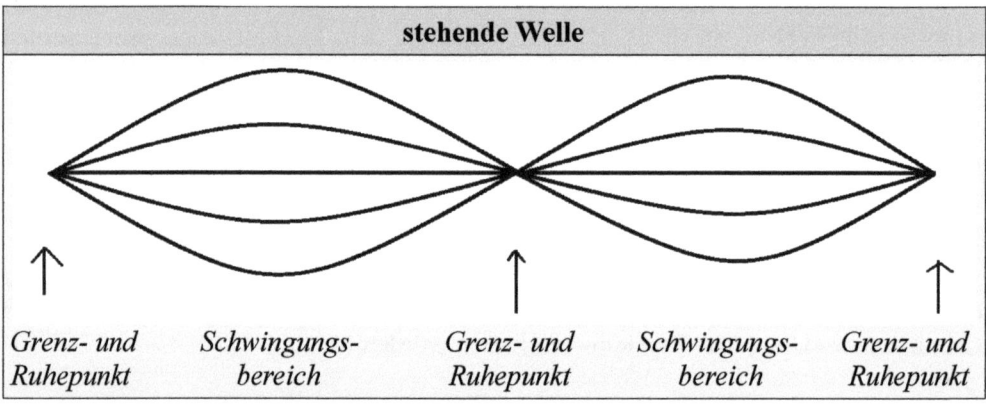

stehende Welle

| Grenz- und Ruhepunkt | Schwingungsbereich | Grenz- und Ruhepunkt | Schwingungsbereich | Grenz- und Ruhepunkt |

Sowohl der Tierkreis als auch die Superstrings haben die Struktur einer kreisförmigen, zwölfteiligen, stehenden Welle:

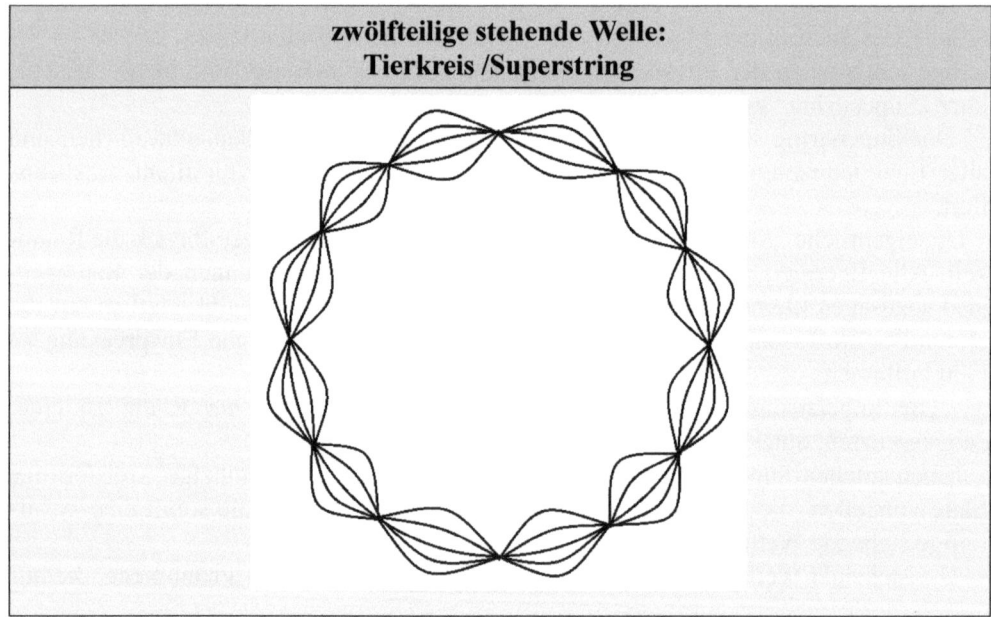

**zwölfteilige stehende Welle:
Tierkreis /Superstring**

72

Jeder Wellenberg entspricht einem Tierkreiszeichen. Die unbewegten Nullpunkte sind die Grenzen zwischen den Tierkreiszeichen.

IV 2. i) Die „12" und die Winkel

Die Qualität der Winkel in der Physik entspricht der Qualität der Aspekte in der Astrologie. Die astrologischen Aspekte sind wiederum eng mit dem Tierkreis verwandt. Man kann den Tierkreis geradezu aus den Aspekten herleiten bzw. umgekehrt.

Im Tierkreis ist jedes Zeichen mit sich selber identisch. Das entspricht dem 0°-Aspekt der Konjunktion.

Jedes Zeichen ist die Gegensatz-Ergänzung zu dem ihm gegenüberstehenden Zeichen. Das entspricht dem **180°**-Aspekt der Opposition. Auch die „Planetenherrscher" dieser beiden Zeichen sind Gegensätze: Es gibt die drei Gegensatz-Ergänzungs-Paare „Mond/Sonne – Saturn", „Merkur – Jupiter" und „Venus – Mars".

Jedes Zeichen ist ein „Freund" der beiden Zeichen, die **120°** von ihm entfernt stehen. Diese drei Zeichen haben dasselbe Element (z.B. Feuer). Dies entspricht dem Trigon. Diese drei Zeichen bilden auch geometrisch ein Dreieck.

Jedes Zeichen hat eine Trennung („Zeltstange") zu den beiden **90°** von ihm entfernt stehenden Zeichen. Dies entspricht dem Quadrat. Zusammen mit dem Oppositions-Zeichen bilden diese vier Zeichen auch geometrisch ein Quadrat.

Jedes Zeichen hat eine „Bekanntschaft" zu den beiden Zeichen, die **60°** von ihm entfernt stehen. Dies entspricht dem Sextil. Zusammen mit den beiden Trigon-Zeichen und dem Oppositions-Zeichen bilden sie eine Wabe aus sechs Sextilen. Die Elemente in dieser Wabe sind entweder Feuer und Luft oder Wasser und Erde.

Jedes Zeichen ist die Weiterentwicklung des Zeichens vor ihm und die Grundlage des Zeichens nach ihm. Dies entspricht dem **30°**-Aspekt des Halbsextils. Die zwölf Halbsextile bilden insgesamt die Entwicklungsdynamik des Tierkreises, die im Laufe des Jahres von einem Tierkreiszeichen zum nächsten führt.

Jedes Zeichen steht in einer ständigen Auseinandersetzung mit den beiden Zeichen, die **150°** von ihm entfernt sind. Dies entspricht dem Quincunx-Aspekt.

Man kann die Aspekte auch direkt den Tierkreiszeichen zuordnen – beide haben dieselben Grundqualitäten.

Dabei kann man die Orientierungsrichtungen „innen" und „außen" unterscheiden. „Innen" ist die Ausrichtung auf das, was man für sich selber will; „außen" ist die Ausrichtung auf das, was man in der Welt will.

Widder: das „Hier und Jetzt" der Konjunktion

Stier: das Sammeln des Angenehmen durch das nach innen hin orientierte Halbsextil

Zwilling: das Spielen mit dem, was da ist, des nach innen hin orientierten Sextils

Krebs: der Schutz des Innen durch das nach innen hin orientierte Quadrat

Löwe: die Ausrichtung auf das Zentrum durch das nach innen hin orientierte Trigon

Jungfrau: das Ordnen durch das nach innen hin orientierte Quincunx

Waage: der harmonisierende und verbindende Ergänzungs-Gegensatz der Opposition

Skorpion: das Spannen des nach außen hin orientierten Quincunxes

Schütze: das Anstreben des Ideals durch das nach außen hin orientierte Trigon

Steinbock: die Sicherung des Außen durch das nach außen hin orientierte Quadrat

Wassermann: die Gemeinschaftsbildung durch das nach außen hin orientierte Sextil

Fische: das Getragenwerden vom Ganzen durch das nach außen gerichtete Halbsextil

In der Astrologie gibt es ein zweites Zwölfersystem: die zwölf Häuser. Die Häuser orientieren sich an der Tageszeit, der Tierkreis an der Jahreszeit. Beide Systeme stimmen in ihren Qualitäten überein.

Man kann jedes Tierkreiszeichen in einer differenzierten Weise beschreiben, indem man die Tierkreiszeichen und die Häuser kombiniert:

So verhält sich z.B. eine Jungfrau im 1. Haus wie eine Jungfrau: ordnend, heilend, auf Kleinigkeiten achtend usw.

Im 2. Haus verhält sie sich hingegen wie eine Waage – sie strebt die harmonische Ordnung an. Im 2. Haus steht also das Zeichen, das auf die Jungfrau folgt, also das von der Jungfrau aus gesehen nächste Zeichen in der Tierkreisfolge.

Im 3. Haus verhält sie sich wie ein Skorpion – sie prüft genau, auf wen oder was sie sich einläßt, um jede Störung ihrer Ordnung zu vermeiden. Im 3. Haus steht das übernächste Zeichen, wenn man von der Jungfrau aus schaut.

Im 4. Haus verhält sie sich wie ein Schütze – sie läßt nur das Beste in ihr Wohnzimmer, in ihren Freundeskreis. Im 4. Haus steht das überübernächste Zeichen, wenn man von der Jungfrau aus schaut.

usw.

Natürlich kann in dem Horoskop eines Menschen mit Jungfrau-Aszendenten im 4. Haus auch mal der Skorpion oder der Steinbock stehen, also ein Zeichen vor oder nach dem Schützen. Es geht hier nicht um ein konkretes Horoskop, sondern um die innere Logik des Tierkreises.

So verhält sich jedes Zeichen in Bezug auf die Themen des 2. Hauses (Körperpflege, Besitz, Kleidung, Haus, Geldverdienen usw.) wie das Zeichen, das auf es selber im Tierkreis folgt:

Die Skorpione sind bei Themen des 2. Hauses anspruchsvoll wie Schützen.

Die Schützen sind bei Themen des 2. Hauses realistisch wie Steinböcke.

Die Steinböcke sind bei Themen des 2. Hauses systematisch-sachkundig wie Wassermänner.

Die Wassermänner sind bei Themen des 2. Hauses vertrauensvoll wie Fische.

usw.

Sowohl die innere Logik des Tierkreises als auch die Verwandtschaft zwischen dem Tierkreis und den Aspekten ist noch sehr viel detailreicher als hier dargestellt worden ist.[6]

---

6 Eine vollständigere Beschreibung dieser Zusammenhänge und Symmetrien findet sich in meinem Buch „Astrologie".

Man kann also sagen, daß sich die Qualitäten der astrologischen Aspekte und somit auch der physikalischen Winkel aus dem Tierkreis herleiten – und vermutlich auch aus der inneren Struktur des Superstrings.

In diesem Zusammenhang stellt sich eine Frage, weil es hier eine Ungereimtheit gibt:

Die drei Grundkräfte haben eine unterschiedliche Polarität: Die Gravitation ist einpolar, die elektromagnetische Kraft ist zweipolar (+ und – bzw. Nord und Süd) und die Farbkraft ist dreipolar (rot, gelb und blau).

Aus der Kombination dieser drei Polaritäten sollte sich eigentlich die Zwölferstruktur des Superstrings und auch des Tierkreises ergeben. Diese Kombination von Polaritäten ist mathematisch gesehen eine Multiplikation. Man erhält dabei jedoch nur die „6" als Ergebnis: „$1 \cdot 2 \cdot 3 = 6$".

Das kann man sich auch geometrisch vorstellen: Wenn man von einem Punkt ausgeht (1) und ihn mit seinem Gegenpol (2) kombiniert, erhält man 2 Punkte. Wenn man diese beiden Punkte mit der 3 kombiniert, also zu diesen beiden Punkten jeweils noch die beiden Punkte 120° links und rechts von ihnen hinzufügt, erhält man insgesamt 6 Punkte. Der Tierkreis ist jedoch nicht 6-geteilt, sondern 12-geteilt.

Durch die drei Grundkräfte erhält man eine 6er-Struktur, was an die beiden 6er-Gruppen von Tierkreiszeichen erinnert, die durch 6 Sextile zu einer Wabe verbunden sind: die 6 Feuer/Luft-Zeichen und die 6 Wasser/Erde-Zeichen.

Diese beiden Gruppen sind im Tierkreis durch Halbsextile (Weiterentwicklung), Quadrate (Trennung) und Quincunxe (Verwandlung) miteinander verbunden. Diese drei Qualitäten beschreiben offenbar das Element, das aus einer 6er-Gruppe eine 12er-Gruppe werden läßt.

Bei den Grundkräften gibt es noch eine vierte Kraft, deren Status innerhalb der Grundkräfte nicht so ganz eindeutig ist: die schwache Wechselwirkung. Sie bewirkt, daß sich ein Neutron in ein Protonen und ein Elektron verwandeln kann bzw. daß sich ein Proton in ein Neutron und ein Positron (positiv geladenes Elektron) verwandeln kann. Diese beiden Zerfallsprozesse würde durchaus zu den Eigenschaften von Halbsextil, Quadrat und Quincunx passen.

Aus der Kombination der Polaritäten der drei Grundkräfte ergibt sich eine „6". Um aus ihr eine „12" werden zu lassen, müßte man sie mit „2" multiplizieren. Die „2" ist jedoch schon die Polarität der elektromagnetischen Kraft. Es wird also eine Grundkraft gesucht, die nicht die elektromagnetische Kraft ist, aber die Eigenschaften der elektromagnetischen Kraft hat – sie ist vermutlich ein „Ableger" der elektromagnetischen Kraft.

Da die Austauschteilchen (Energiequanten) der schwachen Wechselwirkung eine elektrische Ladung haben, ist sie offenbar die hier gesuchte Kraft, die aus der „6" die „12" werden läßt.

Hat die schwache Wechselwirkung die Polarität „2" oder „4"?

Wenn ihre Polarität „2" wäre, würde aus dem „1·2·3=6" ein „1·2·3·2=12" werden.

Doch die Polarität „2" gehört schon zur elektromagnetischen Kraft und kann daher nicht auch die Polarität der schwachen Wechselwirkung sein.

Wenn ihre Polarität „4" wäre, würde aus dem „1·2·3=6" ein „1·2·3·4=24" werden.

Allerdings kann man sich auch vorstellen, daß sich die „2" und die „4" zu einer „4" überlagern, wodurch sich dann wieder eine „12" ergeben würde: „1·3·4=12". Die „2" wäre dann in der „4" enthalten.

Solche Mehrfach-Definitionen gibt es ja auch im Tierkreis, wo jedes Tierkreiszeichen durch insgesamt elf Aspekte mit den anderen elf Tierkreiszeichen verbunden ist und auf diese Weise definiert wird.

Es ist jedoch durch die direkte physikalische Beobachtung keine eindeutige „4er"-Polarität der schwachen Wechselwirkung erkennbar.

IV 2. j) Mandalas

In der Religion, in der Magie und in der Spiritualität werden oft Mandalas verwendet. Sie sind Graphiken in der Form von Übersichten, Rastern, Lageplänen u.ä., die die Gesamtheit der Elemente eines Systems in einer sinnvollen Weise anordnen.

Ein einfaches Mandala ist z.B. die Anordnung der vier Elemente in den vier Himmelsrichtungen auf einem Kreis mit der Quintessenz (Licht) in der Mitte. Solche Mandalas könne recht komplex sein und mehrere konzentrische Kreise und auch mehr als nur 4 Richtungen enthalten. In der Mitte findet sich der Ursprung, die Essenz und das Ziel, zu dem hin das übrige Mandala den Weg darstellt.

In solch ein Mandala kann die gesamte Welt eingeordnet werden. In dem einfachen Beispiel des Mandalas der vier Elemente und der Quintessenz werden alle Dinge einem der vier Elemente zugeordnet. Ein Mandala ist folglich ein systematisches Bild der Welt, das die Welt auf einige wenige Eigenschaften reduziert.

Dieses Bedürfnis nach Überblick, Vollständigkeit und Ordnung gibt es natürlich auch bei den Physikern.

Ein gut bekanntes Beispiel für ein „physikalisches Mandala" ist das Periodensystem der chemischen Elemente. In ihm sind alle existierenden chemischen Elemente in

77

einer in mehrfacher Hinsicht sinnvollen Ordnung angeordnet: Sie zeigt die zunehmende Anzahl der Protonen, Neutronen und Elektronen der Elemente, das zunehmende Gewicht der Elemente, ihre äußeren Elektronen und somit ihre Zugehörigkeit zu einer bestimmten chemischen Reaktionsweise, ihre Radioaktivität usw. Von seinem Aufbau her ist das Periodensystem der Elemente jedoch eine spezielle Form einer Matrix und kein Mandala.

Ein anderes „physikalisches Mandala" ist die sogenannte SO3-Symmetrie, die (vereinfacht gesagt) zeigt, wie sich welche Teilchen in welche anderen Teilchen verwandeln können.

Ein sehr interessantes „physikalisches Mandala" sind die vier Elementarteilchen, aus denen die gesamte Materie aufgebaut ist: das up-Quark, das down-Quark, das Elektron und das Neutrino. Sie entsprechen den vier Elementen (Feuer, Wasser, Luft, Erde) in dem astrologischen Tierkreis.

Diese vier grundlegenden Teilchen kommen in drei Größen vor, die offensichtlich den drei Dynamiken im Tierkreis (kardinal, fix, beweglich) entsprechen.

Was könnten nun Kriterien für eine Zuordnung dieser Teilchen zu den vier Elementen sein?

Die beiden Quarks sind deutlich schwerer als die beiden anderen Teilchen. Sie könnten daher den beiden schweren Elementen Wasser und Erde entsprechen.

Das up-Quark hat die Ladung „+2/3"; das down-Quark hat hingegen nur die halb so große Ladung „-1/3". Das up-Quark ist also stärker und sollte daher dem Wasser entsprechen, das noch etwas bewegter ist als die Erde.

Das Elektron hat mit „-1" die größte Ladung und sollte daher dem Feuer entsprechen.

Das Neutrino hat keine elektrische Ladung und auch sonst kaum eine Wirkung und könnte der Luft entsprechen.

Aus diesen Überlegungen ergibt sich die Zuordnung, die auf der folgenden Seite dargestellt ist.

Dabei ist jedoch zu beachten, daß zwar die vier Elementarteilchen sicher den vier Elementen entsprechen und daß ebenso sicher die drei Größen der Elementarteilchen den drei astrologischen Dynamiken entsprechen, aber daß die Zuordnung der vier Elemente zu den vier Elementarteilchen lediglich auf Vermutungen beruht. Daher steht hinter den Element-Zuordnungen in der Tabelle jeweils ein „?".

Die 12 grundlegenden Elementarteilchen			
	1. Familie normale Teilchen; erschaffende Tierkreiszeichen	2. Familie schwere Teilchen; gestaltende Tierkreiszeichen	3. Familie sehr schwere Teilchen; bewegende Tierkreiszeichen
Leptonen mit Ladung -1	Elektron	Myon	Tauon
Feuer (?)	Widder	Löwe	Schütze
Quarks mit Ladung +2/3	„up"-Quark	„charm"-Quark	„truth"-Quark
Wasser (?)	Krebs	Skorpion	Fische
Quarks mit Ladung -1/3	„down"-Quark	„strange"-Quark	„beauty"-Quark
Erde (?)	Steinbock	Stier	Jungfrau
Neutrinos mit Ladung 0	Elektron-Neutrino	Myon-Neutrino	Tauon-Neutrino
Luft (?)	Waage	Wassermann	Zwillinge

Seit ein paar Jahren ist noch das „Higgs-Boson" zu den Elementarteilchen hinzugekommen, das jedoch zu einer anderen Kategorie von Teilchen gehört. Es verleiht den Elementarteilchen ihre Masse verleiht und ist daher etwas ähnliches wie die elektrische Ladung eines Teilchens.

IV 2. k)   Die Geburt und die „12"

Die Orte, an denen man die „12" finden kann, sind durchaus interessant und machen das Wesen der „12" noch einmal deutlicher.

Der Tierkreis ist dort zu finden, wo ein Mensch geboren wird: Das Geburtshoroskop wird auf den Zeitpunkt der Geburt eines Menschen berechnet. Solche Horoskope lassen sich jedoch auch für Tiere, Unternehmen, Staaten u.ä. berechnen. Alle Lebewesen, Dinge und Organisationen erhalten im Augenblick ihrer Selbständigwerdung (Nabelschnur durchtrennen, aus dem Ei schlüpfen, Gründungs-Dokument unterschreiben) ihr Horoskop. Das bedeutet, daß die allgemeine astrologische Qualität des Augenblicks in dem Moment der Selbständigwerdung sozusagen „einfriert" und den oder das Betreffende ein Leben lang prägt.

Auch Superstrings, deren einfachste Formen eine Zwölferteilung haben, werden sozusagen aus der Raumzeit heraus geboren und bilden dann „Berge" und „Täler" in der Ebene der Raumzeit.

Das Horoskop eines Menschen, der auf der Erde geboren wird, bezieht sich auf den Tierkreis. Dieser Tierkreis ist in der Erde und nicht in den Sternen verankert – er berechnet sich aus der Winter- und der Sommer-Sonnenwende sowie aus der Frühlings- und der Herbst-Tagundnachtgleiche. Da der Tierkreis sozusagen die Struktur der „Aura" der Erde ist, kann man sich fragen, ob dieser Erd-Tierkreis entstanden ist, als die Erde aus Sternenstaub und kleinen Gesteinsbrocken entstanden ist.

Hat auch die Sonne ein Geburtshoroskop? Und unsere gesamte Galaxie? und die Welt als Ganzes? Lassen sich überall an diesen Entstehungsorten und Entstehungszeitpunkten Zwölferstrukturen beobachten? Und stehen diese Zwölferstrukturen in einer Art Hierarchie der Form „Weltall – Galaxie – Sonne – Erde – Mensch" zueinander?

Das ist alles vorerst noch ungewiß … Aber die zentrale Rolle der „12" in unserer Welt und daher auch in dem einheitlichen Weltbild, das in diesem Buch skizzenweise dargestellt wird, ist bereits sehr deutlich geworden.

80

IV 3. Dynamik: Der Dreischritt

Es genügt nicht, zu schauen, ob man irgendwo eine „3" findet, um die Qualität der „3" erfassen zu können, da es schließlich ganz verschiedene dreiteilige Strukturen geben könnte.

Vier solche Arten von dreiteiligen Strukturen sind:

1. Drei Elemente bilden ein Ganzes. Diese Struktur findet sich z.B. bei dem astrologischen Trigon und der Farbkraft.

2. Ein Vorgang, bei dem eine Sache (1) eine Wirkung (2) auf eine andere Sache (3) ausübt. Diese Struktur findet sich u.a. auch in der Grammatik der meisten Sprachen wieder: Subjekt (1) – Verb (2) – Objekt (3).

3. Ein Gegensatz, der eine Entwicklung verursacht. Dies ist das bekannte Prinzip von „These – Antithese – Synthese".

4. Die drei Schritte einer Entwicklung. Diese drei Schritte könnte man als „Gründung, Ausgestaltung und Nutzung" bezeichnen. Sie finden sich z.B. in der Astrologie als „kardinal, fix, beweglich" oder in der Anthroposophie als Dreigliederung mit den drei Elementen „Luzifer, Arhiman, Christus".

In diesem Kapitel wird die eben genannte 4. Möglichkeit einer dreiteiligen Struktur genauer betrachtet.

Diese Struktur ist sehr weit verbreitet und wird hier nur anhand einiger wichtiger bzw. gut bekannter Beispiele beschrieben.

IV 3. a) Drei Schritte

Man könnte die drei Schritte auch „Fließdynamik" nennen:

1. Ein Bach fließt.
2. Er mündet in einen Teich und bildet zwei Wirbel links und rechts neben der Einflußstelle.
3. Das Wasser des Baches vermischt sich mit dem Wasser des Teiches.

Man kann diese Dynamik auch allgemeiner fassen:

1. Impuls
2. Begegnung mit der Umwelt zu ihr
3. Austausch mit der Umwelt

Man kann diese drei Schritte auch noch einmal allgemeiner umschreiben:

1. Expansion
2. Abgrenzung
3. Kontakt

IV 3. b) Astrologie

In der Astrologie finden sich diese drei Schritte in den drei Dynamiken:

1. kardinal
2. fix
3. beweglich

Die vier kardinalen Zeichen sind die vier schöpferischen Zeichen, die etwas Neues erschaffen:

Widder (kardinales Feuer = spontanes Handeln)
Krebs (kardinales Wasser = sensible Gefühle)
Waage (kardinale Luft = neue Kontakte)
Steinbock (kardinale Erde = neue Fundamente)

Die vier fixen Zeichen sind die Zeichen, die einen eigenen Standpunkt einnehmen, vertreten und ausbauen:

Löwe (fixes Feuer = Egozentrik)
Skorpion (fixes Wasser = die Intensität der eigenen Gefühle)
Wassermann (fixe Luft = die allgemeingültige Utopie)
Stier (fixe Erde = Genießen)

Die vier beweglichen Zeichen sind die Zeichen, die in einer Vielfalt von Handlungen leben:

Schütze (bewegliches Feuer = Idealismus)
Fische (bewegliches Wasser = Vertrauen)
Zwillinge (bewegliche Luft = Neugier)
Jungfrau (bewegliche Erde = Geschick)

IV 3. c) Elementarteilchen

Bei den Elementarteilchen treten diese drei Schritte als die drei Größen auf, in denen die vier grundlegenden Elementarteilchen up-Quark, down-Quark, Elektron und Neutrino vorkommen.

IV 3. d) Die Sonne

Die Sonne leuchtet, weil in dem hohen Druck in ihrem Zentrum Wasserstoffatome zu Heliumatomen zusammengeschmolzen werden wodurch sehr viel Energie (Photonen) frei wird. Dieser Druck entsteht durch die große Masse der Sonne.

Bei dieser Kernverschmelzung wird viel Energie frei, die die Materie in dem Zentrum der Sonne erhitzt. Diese erhitzte Materie ist leichter als die kühle Materie und steigt deshalb an die Oberfläche der Sonne auf, breitet sich dort aus, kühlt ab und sinkt dann wieder in die Mitte der Sonne hinab. Diese Konvektionsströmung ist so etwas wie ein „flüssiger Vulkan".

Da die heiße Sonne sowohl Licht („Hitze") als auch Materie-Teilchen abstrahlt, prägt sie auch ihren Umraum. Diese Prägung läßt drei Schichten entstehen, die wie drei ineinanderliegende Hohlkugeln die Sonne umgeben.

1. Die Photonen, Ionen und sonstige Teilchen, die von der Sonne in den Weltraum hinausgeschleudert werden, werden „Sonnenwind" genannt.

Der Weltraum ist nicht einfach leer, sondern von Atomen und winzigen Gesteinsstückchen erfüllt, die „Sternenstaub" genannt werden.

Die Teilchen des Sonnenwindes stoßen gegen diesen Sternenstaub und schieben ihn von der Sonne fort – der Sonnenwind bläst den Staub von der Sonne weg in das Weltall hinaus.

Da der Sonnenwind in alle Richtungen hin ungefähr gleich stark ist und der

Sternenstaub überall im Umraum der Sonne in etwa gleich dicht ist, hat sich rings um die Sonne ein annähernd kugelförmiger Bereich gebildet, in dem der Sonnenwind den gesamten Sternenstaub nach außen hin fortgefegt hat. Dies ist der Sonnenwind-Bereich, der vollständig von der Sonne geprägt worden ist.

2. Wenn man Staub fegt, bildet sich vor dem Besen ein Häufchen Staub, da der Staub sich durch das Fegen ja nicht in Luft auflöst, sondern nur fortgeschoben wird. Der Sonnenwind hat den ganzen Sternenstaub, der sich rings um die Sonne befunden hat, mittlerweile bis jenseits der Umlaufbahn des Plutos fortgeschoben. Dort befindet sich nun eine Hohlkugel aus Sternenstaub und aus den Teilchen, die die Sonne abgestrahlt hat.

Diese Schicht wird „Stoßfront" genannt, weil an ihr der Sonnenwind auf den Sternenstaub stößt – sowohl den „neuen" Sternenstaub an diesem Ort im Weltall als auch auf den „alten" Sternenstaub, den der Sonnenwind vor sich her nach außen hin fortgeschoben hat.

Diese Schicht ist natürlich weiterhin eine fast vollkommen durchsichtige Ansammlung von Staub, aber hier ist der Staub dichter als weiter außen im Weltall. Die Masse dieser Stoßfront ist ungefähr genauso groß wie die Masse der Erde.

3. Die Stoßfront ist nicht statisch, sondern wird durch den Sonnenwind ständig weiter in das Weltall hinausgeschoben. Dabei stößt die Stoßfront gegen den Sternenstaub jenseits der Stoßfront, wodurch dieser neue Sternenstaub von der Stoßfront fortgestoßen wird. Das kann man sich wie die Welle vor einem fahrenden Schiff vorstellen, weshalb dieser Bereich auch „Bugwelle" genannt wird.

Diese drei Holhkugel-förmigen Bereiche rings um die Sonne haben deutlich unterscheidbare Eigenschaften:

- Der Bereich des Sonnenwindes ist ganz von dem Wesen der Sonne geprägt – er ist sozusagen der Bereich des ungehemmten Selbstausdrucks der Sonne.

- Der Bereich der Stoßfront entsteht aus der Begegnung dieses Selbstausdrucks mit der Umwelt – dadurch werden Abgrenzungen und Formen erschaffen.

- Die Bugwelle sendet schließlich Impulse in den Umraum und nimmt den Umraum wahr – hier ist ein Kontakt zum Umraum zu finden.

Selbstausdruck, Form und Kontakt sind die drei Schritte, die sich hier deutlich zeigen. Sie entsprechen offensichtlich den drei astrologischen Dynamiken kardinal (erschaffend), fix (ausgestaltend) und beweglich (vielfältig).

Es gibt im Umraum der Sonne noch ein weiteres Element, das in den weiteren Betrachtungen von Bedeutung sein wird: die beiden Jets der Sonne.

Galaxie mit zwei Jets

In Galaxien, Sonnen und Planeten gibt es Ionen, d.h. elektrische Ladungen. Wenn sich eine elektrische Ladung bewegt, entsteht ein Magnetfeld. Wenn diese Bewegung ein Rotieren um die eigene Achse ist, wird das Magnetfeld zu zwei Strahlen gebündelt, die entlang der Rotationsachse, also an den beiden Polen austreten. Diese beiden strahlenförmigen Magnetfelder werden „Jets" genannt. Sie reichen um ein Mehrfaches z.B. des Sonnendurchmessers in den Weltraum hinaus. Selbst Schwarze Löcher haben zwei Jets, die an den Polen ihrer Rotationsachse austreten.

Als Magnetfelder beschleunigen sie zudem Ionen, die dann wie eine Hülle rings um diese Jets zu sehen sind und schließlich fern von dem Himmelskörper, von dem sie ausgehen, eine diffuse Wolke im Weltraum bilden. Insbesondere die Wolken am Ende der Jets von Galaxien können riesig sein – sie sind so groß und dicht, daß sie mithilfe von Teleskopen fotografiert werden können.

Diese Jets und die Wolken an ihrem Ende sehen aus wie die strudelartigen Formen, die ein Bach bildet, wenn er in einen Teich hineinfließt.

Die Jet-Paare gleichen auch dem p-Orbital zweier Elektronen: zwei Kugeln, die sich gegenüberstehen und eine „Hantel" bilden.

IV 3. e) Die Chakren

Das Chakrensystem ist ganz ähnlich aufgebaut wie der Umraum der Sonne. In der Mitte befindet sich das Herzchakra – es ist das Zentrum des gesamten Chakrensystems. In ihm liegt die Identität des betreffenden Menschen: Es ist der „Tempel der Seele". Das Herzchakra entspricht der Sonne – es ist das „Sonnen-Chakra".

Aus dem Herzchakra ragt nach unten und nach oben hin ein Strahl aus, der

85

„Sushumna" genannt wird und den man als Lebenskraft-Kanal auffassen kann. Er entspricht den beiden Jets der Sonne – auch das Herzchakra rotiert wie die Sonne („Chakra" bedeutet „Rad").

Darum herum gibt es drei Hohlkugel-förmige Bereiche, die von ihrem Charakter her genau den drei Bereichen um die Sonne entsprechen. Sie bilden dort, wo die Sushumna sie kreuzt, jeweils ein Chakra.

1. innerste Hohlkugel: ungehinderter Selbstausdruck (⊕ Sonnenwind)
   a) unten Sonnengeflecht: ungehinderter körperlicher Selbstausdruck
   b) oben Halschakra: ungehinderter sozialer Selbstausdruck

2. mittlere Hohlkugel: Abgrenzung (⊕ Stoßfront)
   a) unten Hara: innerer Halt
   b) oben Drittes Auge: äußere Orientierung

3. äußere Hohlkugel: Kontakt (⊕ Bugwelle)
   a) unten Wurzelchakra: körperlicher Kontakt
   b) oben Scheitelchakra: geistiger Kontakt

Das Chakrensystem ist also genauso wie der Umraum der Sonne aufgebaut. Beide haben dieselbe Struktur.

Die Chakren sind auch mit den Bewußtseinszuständen verknüpft: Das Herzchakra mit dem Tiefschlaf, das Sonnengeflecht und das Halschakra mit dem Träumen (Unterbewußtsein), das Hara und das Drittes Auge mit dem Wachen sowie das Wurzelchakra und das Scheitelchakra mit der Ekstase.[7]

---

7 Eine ausführliche Betrachtung zu den Chakren und ihren Qualitäten und Funktionen findet sich in meinem Buch „Das Chakrensystem mit den Nebenchakren".

Die Symmetrie der Chakren				
Chakra	*Qualität*		*Bewußtsein*	*Symmetrie*
Scheitelchakra	sozialer Kontakt	Verstehen	Ekstase	
Drittes Auge	soziale Struktur	Orientierung	Wachen	
Halschakra	sozialer Impuls	sich zeigen	Traum	
Herzchakra	Identität	Seele	Tiefschlaf	
Sonnengeflecht	körperlicher Impuls	Handeln	Traum	
Hara	körperliche Struktur	innerer Halt	Wachen	
Wurzelchakra	körperlicher Kontakt	Berührung	Ekstase	

Im Chakrensystem gibt es diesen Dreischritt noch ein zweites mal:

1. Das eigentliche <u>Chakra</u> im Körperinneren an der Sushumna,

2. das <u>Kshetram</u>, das das Spiegelbild dieses Chakras vorne und hinten auf der Körperoberfläche ist, und

3. den <u>Punkt auf der Aura</u> ca. eine Armlänge vor bzw. hinter dem Körper, an dem man Kontakt zu anderen Menschen und Dingen aufnimmt.

IV 3. f) Vergleich: Sonnen-Umraum und Chakren

Die Gleichartigkeit dieser beiden Systeme kann vermutlich am anschaulichsten durch zwei Graphiken dargestellt werden:

Sonnen-Umraum und Chakrensystem

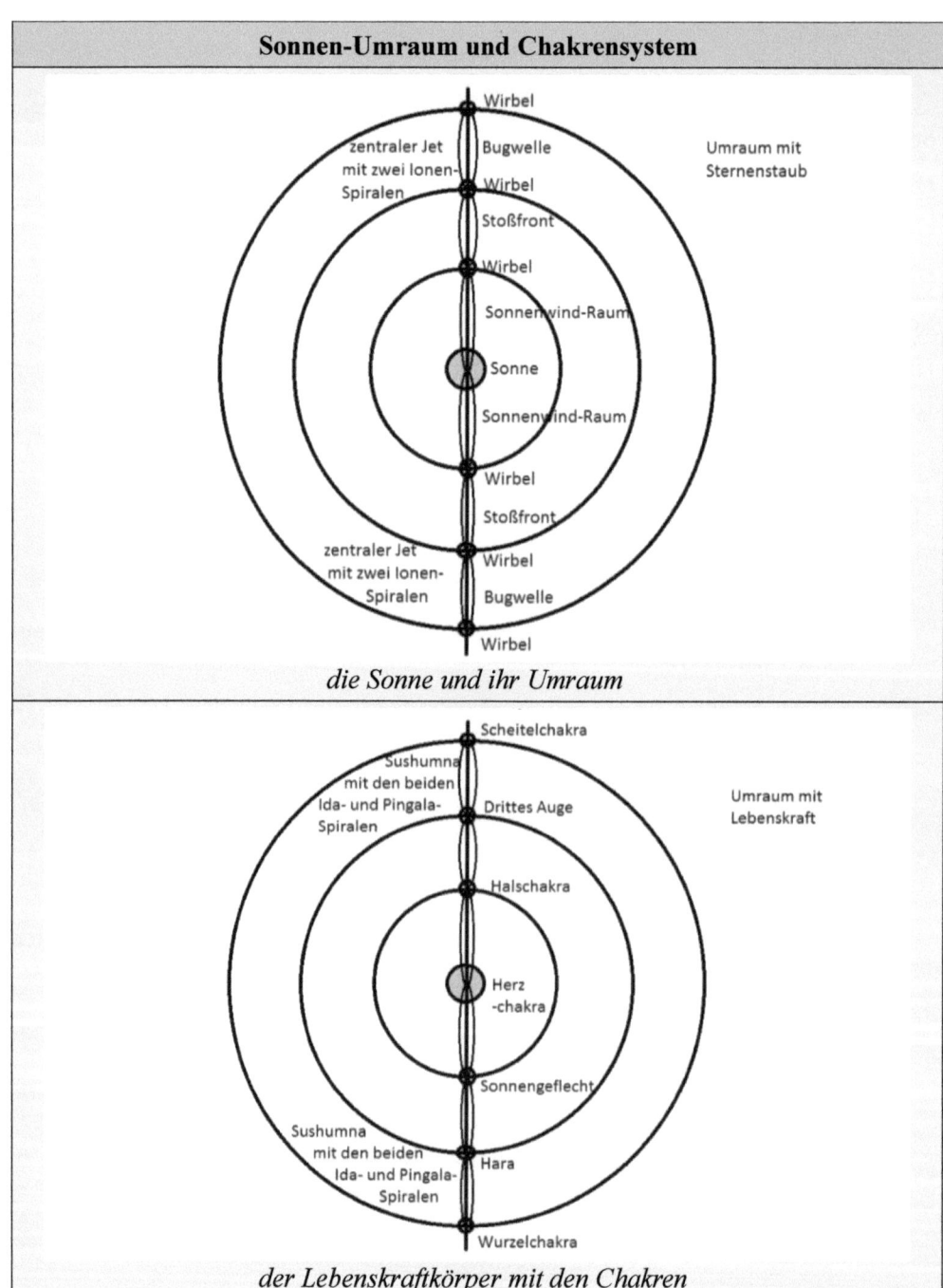

die Sonne und ihr Umraum

der Lebenskraftkörper mit den Chakren

88

IV 3. f) Der Vajra

Der Vajra ist ein indisches Symbol, das sich aus dem jungsteinzeitlichen Blitz-Symbol in Mesopotamien gebildet hat.

Der Aufbau des Vajras

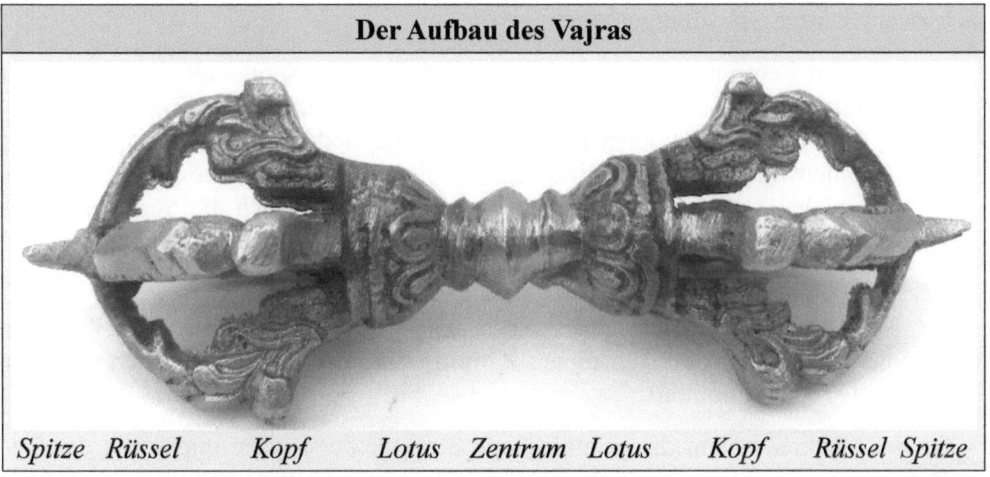

| Spitze | Rüssel | Kopf | Lotus | Zentrum | Lotus | Kopf | Rüssel | Spitze |

Es hat ein Kugel-Zentrum, das sich symmetrisch nach entgegengesetzten Richtungen hin ausdehnt (⏺ Sonne und Herzchakra).

Die erste Ausdehnung sind die beiden Lotusblüten (⏺ Sonnenwind-Raum und Sonnengeflecht/Halschakra).

Die neu entstehende Form sind die jeweils vier Elefantenköpfe, die aus dem Lotus hervorkommen (⏺ Stoßfront und Hara/Drittes Auge).

Die Berührung wird durch das Zusammentreffen der vier Elefantenrüssel ganz außen dargestellt (⏺ Bugwelle und Wurzelchakra/Scheitelchakra).

Die beiden Stäbe in der Mitte der jeweils vier Elefantenköpfe stellen die zweipolare Ausdehnung dar (⏺ Jets und Sushumna).

Ursprünglich ist das Vajra bei den Indogermanen und bei den jungsteinzeitlichen Völkern in Mesopotamien ein Symbol des Blitzes gewesen. Es ist auch von den Zauberstäben der germanischen Seherinnen, von den Hethitern und von den Sumerern und Babyloniern bekannt.

Man kann aus diesem Symbol und seiner langen Geschichte zwar nicht darauf schließen, das die Menschen in der Jungsteinzeit bereits das Chakrensystem oder gar den Sonnenwind gekannt haben, aber es hat den Anschein, als ob die Vorstellung, das

89

die Welt aus einer Einheit („Tao") heraus durch die Polarisierung in zwei Gegensätze („Yin und Yang") entstanden ist, und ebenso, das sich die Dinge in drei Schritten aus einem Zentrum heraus entwickeln (u.a. auch die acht „Trigramme" des I Ging), schon sehr alt ist.

Aus der Analogie zwischen dem Chakrensystem und dem Sonnensystem ergeben sich zwei wichtige Schlußfolgerungen:

- Im Zentrum des Umraums der Sonne ist die Sonne, also muß auch im Zentrum des Chakrensystems eine „Sonne" sein – das ist die Seele.

Die Sonne ist die Ursache des dreifach gegliederten Umraumes der Sonne (Sonnenwind, Stoßfront, Bugwelle) – ohne die Sonne würde diese Struktur gar nicht existieren. Also muß per Analogieschluß auch die Seele im Herzchakra die Ursache der beiden Dreiergruppen von Chakren oberhalb und unterhalb von ihr sein.

- Das Sonnensystem und auch das Chakrensystem sind von ihrer Struktur her eine Expansion von einem Zentrum aus, die in drei Schritten zu einer Konkretisierung führt.

Da das Chakrensystem die grundlegende Struktur der Psyche und somit des Bewußtseins des Menschen ist, ergibt sich aus dieser Dynamik des Strahlens, der Ausdehnung und des Selbstausdrucks, das eben diese Expansions-Dynamik auch die Grunddynamik der Seele ist.

Die genaue Analogie dieser Expansion im Bewußtsein (Psyche) und in der Materie (Sonne) zeigt noch einmal recht deutlich, daß das Bewußtsein und die Materie dieselben Strukturen enthält.

IV 3. g)   Der Springbrunnen

Die Dynamik der drei Phasen läßt sich vermutlich am einfachsten und anschaulichsten anhand eines Springbrunnes darstellen:

1. der aufsteigende Strahl
    ⏀ Sonnenwind
    ⏀ Sonnengeflecht und Halschakra
    ⏀ kardinale Zeichen

90

2. die sich entfaltende Fontaine
   - Ⓤ Stoßfront
   - Ⓤ Hara und Drittes Auge
   - Ⓤ fixe Zeichen

3. die herabfallenden Tropfen
   - Ⓤ Bugwelle
   - Ⓤ Wurzelchakra und Scheitelchakra
   - Ⓤ bewegliche Zeichen

IV 3. h)   Die „Vulkane" der Sonne

Wie bereits beschrieben, steigt aus dem Zentrum der Sonne heiße Materie auf, breitet sich auf ihrer Oberfläche aus und sinkt dann abgekühlt wieder in die Tiefe hinab.

Diese Dynamik entspricht genau dem Springbrunnen mit seinem aufsteigenden Strahl, seiner sich ausbreitenden Fontaine und seinen herabfallenden Tropfen.

Diese Art von Dynamik wird „Konvektionsströmung" genannt.

IV 3. i)   Die Kontinentaldrift

Auch in der Erde gibt es Konvektionsströmungen, die allerdings sehr viel schwächer und langsamer als in der Sonne sind.

Der größte Aufstiegsort für heiße Materie aus dem Erdinnern befindet sich derzeit in der Mitte des Atlantiks und zieht sich von Grönland bis zur Antarktis hinab: der „mittelatlantische Rücken". Die aus dem Erdinneren aufsteigende Materie läßt dort auf dem Meeresboden eine lange Bergkette entstehen, die nun schon seit 200 Millionen Jahren durch ihr sich-Aufwölben und durch ihr sich-Ausbreiten Afrika/Europa auf der einen Seite und Amerika auf der anderen Seite auseinanderschiebt. Diese aufsteigende Lava ist die Ursache der gesamten Kontinentaldrift auf der Erde.

Hier finden sich wieder die drei Dynamiken:

- Das „Aufsteigen" ist die aufsteigende heiße Lava, die vulkanische Gebirge bildet.

- Die „Entfaltung" ist die horizontale Bewegung der Kontinente (Kontinentaldrift).

91

- Das „Niederfallen" sind die sogenannten Subduktionszonen, an denen sich zwei Kontinentalplatten übereinanderschieben, wodurch die untere in die Tiefe der Erde hinabsinkt. Eine solche Stelle befindet sich z.B. vor der Westküste Amerikas, wo sich die amerikanische Scholle über die pazifische Scholle schiebt (weil Amerika von der aufsteigenden Lava im Atlantik nach Westen in den Pazifik hinein geschoben wird). Dadurch entstehen die Gebirge an der amerikanischen Westküste (Rocky Mountains, Anden) und die Meeres-Gräben vor dieser Küste: die Festlandplatte wird beim Übereinanderschieben angehoben und die Pazifikplatte wird hinuntergedrückt.

Im Kleinen findet sich dieser Prozeß auch bei einem Vulkan:

- innen im Vulkan aufsteigende Lava
- Lava-Fontaine über dem Vulkan
- am Vulkan herunterfließende Lava

IV 3. j) Der Golfstrom

Diese dreiteilige Dynamik findet sich auch in den Weltmeeren: So wird z.B. der Golfstrom im Golf von Mexiko erwärmt (aufsteigendes Wasser) und fließt dann an der Meeresoberfläche nach Nordosten an Europa vorüber zur Arktis (sich ausbreitendes Wasser), wo er wieder abkühlt (niedersinkendes Wasser) und in der Tiefe des Meeres in den Golf von Mexiko zurückströmt.

IV 3. k) Der Wind

In der Atmosphäre gibt es ebenfalls Konvektionsströmungen. Da die Luft jedoch sehr viel beweglicher als das Magma in der Sonne, die Lava in der Erde und auch deutlich beweglicher als das Wasser im Meer ist, bewegt sich die Luft auf diesen Strömungs-Wegen sehr viel schneller. Über heißen Orten wie der Sahara steigt die dort erwärmte Luft empor (Aufsteigen) und an kalten Orten wie der Arktis fällt die dort abgekühlte Luft wieder hinunter (Niederfallen). Das Fließen der Luftmassen zu dem Ort, an dem sie auf- oder absteigen, ist der Wind (Ausbreiten).

IV 3. l) Der Suppentopf

Denselben Vorgang kann man auch im Kleinen beim Suppekochen beobachten: Im Topf bilden sich einige Stellen, an denen die Suppe emporbrodelt (Aufsteigen), während am Rand dieser Stellen die Suppe wieder zum Topfboden hinabsinkt (Niederfallen). Dabei werden die obenauf schwimmenden Kräuter u.ä. von den brodelnden Wassern wie bei einer kleinen Kontinentaldrift zur Seite gedrängt (Ausbreiten).

IV 3. m) Der Lebensbaum

Der kabbalistische Lebensbaum ist im Grunde eine sehr schlichte Struktur:

- Ihr Grundprinzip ist die Einheit als Ausgangspunkt und die Vielheit als Ergebnis und dazwischen ein Entwicklungsschritt bzw. die Differenzierung der Einheit zur Vielheit.

- Der mittlere Schritt dieses „Dreischritts" (der Entwicklungsschritt) wird noch einmal in drei Schritte differenziert – dadurch entstehen die fünf Bereiche auf dem Lebensbaum, die auch „Mittlere Säule" genannt werden. Sie werden durch die vier Übergänge voneinander getrennt.

- Schließlich werden diese drei mittleren Schritte dann noch einmal jeweils in drei Schritte unterteilt. Auf diese Weise ergibt sich eine differenzierte, elfteilige Entwicklungsstruktur.

die Herleitung des kabbalistischen Lebensbaums I					
Herleitung			*Sephiroth* *(Bereiche)*	*Planet* *(Zuordnung)*	*Lebensbaum* *(Graphik)*
I	*II*	*III*			
1.	1.	1.	Kether	Pluto	
2.	2.	2.	Chokmah	Neptun	
		3.	Binah	Uranus	
		D	Da'ath	Saturn	
	3.	4.	Chesed	Jupiter	
		5.	Geburah	Mars	
		6.	Tiphareth	Sonne	
	4.	7.	Netzach	Venus	
		8.	Hod	Merkur	
		9.	Yesod	Mond	
3.	5.	10.	Malkuth	Erde	

Da das Verstehen dieser Herleitung der Lebensbaum-Graphik für das Verständnis des Lebensbaumes von grundlegender Bedeutung ist, folgt hier noch eine weitere graphische Darstellung dieser Herleitung:

die Herleitung des kabbalistischen Lebensbaums II				
1. ein System	2. die erste Differenzierung in die drei Phasen „Ursprung, Entwicklung, Ziel"	3. die zweite Differenzierung der mittleren Phase in jeweils drei Unter-Phasen	4. die dritte Differenzierung der drei Unter-Phase in jeweils drei Unter-Unter-Phasen	5. die traditionelle Darstellung dieser elf Bereiche als Lebensbaum

Da diese Struktur auf eine schlichte, logische Weise hergeleitet werden kann, findet sie sich in allen Dingen wieder – von dem Aufbau eines Staubsaugers über das klassische Ballett und das Chakrensystems bis hin zu der Verfassung eines Staates.[8]

Die Folge der drei Dynamiken „kardinal, fix, beweglich" in der Astrologie oder die drei Bereiche im Umraum der Sonne sind leicht erfaßbar, weil sie sehr schlicht sind. Der Lebensbaum ist jedoch nichts anderes als diese drei Schritte – nur daß der mittlere dieser drei Schritte in ihm noch einmal in drei Schritte zerlegt worden ist und diese drei mittleren Schritte dann noch einmal in jeweils drei Schritte, sodaß der mittlere Schritt dann aus drei Dreiergruppen, also aus neun Schritten besteht.

Der Lebensbaum ist die differenzierteste Analogiestruktur, die bisher bekannt ist. Sie besteht aus 40 Elementen: die 11 Sphären („Sephiroth"), den 22 Pfaden zwischen ihnen, den 3 Dreiecken (2/3/D, 4/5/6, 7/8/9) und den 4 Übergängen zwischen den fünf Bereichen auf der Mittleren Säule.

Diese Struktur findet sich überall – selbst im „Herzen der Physik", als die man die Superstringtheorie ein wenig poetisch bezeichnen kann.

---

8   Siehe meine drei Bücher „Blüten des Lebensbaumes I, II, III".

IV 3. n) Anwendungsbeispiele für den Lebensbaum

Die folgenden drei Beispiele dafür, wie man ein System mithilfe des Lebensbaumes strukturieren und in seiner inneren Dynamik besser erfassen kann, sollen vor allem den Lebensbaum ein wenig anschaulicher und lebendiger werden lassen.

Der deutsche Staat

Die Grundstruktur entspricht den drei Bereichen „Ursprung – Entfaltung – Bewegung" auf dem Lebensbaum, die mit den drei astrologischen Dynamiken „erschaffend – gestaltend – beweglich" identisch ist.

I. Die Grundlage des deutsches Staates ist das Grundgesetz. Dies ist die oberste Sphäre, der ursprüngliche Impuls, das „Aufsteigen".

II. Dieser Impuls wird dann in der mittleren Sphäre ausdifferenziert – die „Entfaltung".

III. Dadurch entsteht schließlich als Ergebnis das Verhalten des Volkes – das „Niederfallen", die Konkretisierung.

Die zweite dieser drei Phasen wird dann in drei Phasen unterteilt:

II 1. Aus dem Grundgesetz werden die Rahmenbedingungen abgeleitet – das erschaffende „Aufsteigen".

II 2. Auf der Grundlage dieser Rahmenbedingungen handelt dann die Regierung – „Entfaltung".

II 3. Die Anweisungen der Regierung werden schließlich von der Verwaltung umgesetzt – das „Niederfallen" in dem Bild des Springbrunnens.

Diese drei „Unter-Phasen" der zweite Phase werden jeweils noch einmal in drei „Unter-Unter-Phasen" unterteilt, die wiederum dieselbe Dynamik haben:

II 1. Gründungsphase:
II 1. a) Nach der Gründung der Parteien (aktives, aufsteigendes Element)
II 1. b) schließen sich die Parteien zu der Verfassungsgebenden Versammlung zusammen und verabschieden das Grundgesetz (Vertrag über die Art der Entfaltung der politischen Tätigkeit)
II 1. c) und wählen den Bundespräsidenten als den Repräsentanten des Staates (ausführende Funktion).

II 2. Entfaltungsphase:
II 2. a) Die Legislative beschließt Gesetze (Erschaffen),
II 2. b) die Judikative überwacht die Umsetzung dieser Gesetze (Entfaltung)
II 2. c) und die Exekutive, d.h. vor allem der Bundeskanzler, organisiert den Staat entsprechend den Vorgaben von Legislative und Judikative (Umsetzung).

II 3. Umsetzungsphase:
II 3. a) Die Minister konkretisieren die Gesetze und die Anweisungen des Kanzlers (Erschaffen).
II 3. b) Die Umsetzung der Gesetze im Alltag werden von der Polizei überwacht. Die Interessen des Staates werden nach außen hin vom Militär geschützt (Entfaltung).
II 3. c) Die Verwaltung organisiert schließlich die Rahmenbedingungen des Alltags der Menschen (Umsetzung).

Diese insgesamt elf Vorgänge werden durch die klassische Lebensbaum-Darstellung deutlich übersichtlicher. Rechts neben der gestrichelten Linie ist zunächst die zweite Stufe der Differenzierung beigefügt und ganz rechts die erste Differenzierungsstufe.

Grundgesetz		I Grundlage	I Grundlage
verfassungs-gebende Versammlung	Parteien		
	Verfassung Bundespräsident	II 1. Rahmen-Bedingungen	
Judikative (Richter)	Legislative (Bundestag, Bundesrat)		II Art der Selbstregula-
	Exekutive (Kanzler)	II 2. Regierung	tion des Staates
Militär, Polizei	Minister		
	untere Behörden	II 3. Verwaltung	
	Volk	III Volk	III Volk

Vier Maschinen

In dem folgenden Lebensbaum werden gleichzeitig vier verschiedene „Maschinen" beschrieben, um den analogen Aufbau dieser Maschinen deutlich zu machen:

1. Staubsauger,
2. Auto,
3. Atomkraftwerk und
4. Computer.

Die ersten vier Bereiche sind für alle vier Maschinen identisch.

Die vier Maschinen werden in dem folgenden Lebensbaum immer in der oben angeführten Reihenfolge dargestellt.

98

Wille, die Arbeit zu vereinfachen		Wille, die Arbeit zu vereinfachen

....

Kombination der Hilfsmittel	Hilfsmittel Konstruktionsplan	Planung

....

Motor: 1. Motor 2. Motor 3. Brennstäbe-Raum 4. Datenverarbeitung	tragende Konstruktion: 1. tragende Konstruktion 2. Fahrgestell 3. Gebäude 4. Gehäuse	innere Struktur
	„Cockpit" (für den Menschen als dem zentralen/lenkenden Element): 1. Griff 2. Fahrersitz 3. Kontrollraum 4. Platz vor dem PC	

....

Informationsübertragung: 1. Kabel 2. Kabel, Mechanik 3. Kabel, Mechanik, Sensoren 4. Verbindungskabel, Modem/Browser/Internet	Orientierung/Ausrichtung in der Welt: 1. Haltegriff, Ein/Aus-Schalter 2. Lenkrad, Gaspedal, Bremse 3. Steuerung der Brennstäbe 4. Tastatur, Maus, Monitor	äußere Struktur
	Getriebe, Kraftübertragung, Energieversorgung: 1. Saugrohr, Stromkabel 2. Getriebe, Verbindung Motor-Achse, Benzintank 3. Dampfturbine/Generator, Uran 4. Kabel zum Monitor und zum Drucker, Stromkabel	

....

	Gehäuse, „Wirkungsstelle": 1. Saugvorsatz 2. Räder 3. Stromeinspeisung ins Stromnetz 4. Drucker/Monitor	Hülle, „Wirkungsstelle"

Die Vektor-Mathematik

Das letztes Beispiel für die Lebensbaum-Struktur ist die Vektormathematik. Ein Vektor ist dadurch definiert, daß er eine Größe und eine Richtung hat – so wird z.B. das Kreisen des Mondes um die Erde durch einen Vektor beschrieben oder auch der Flug eines Steins, den man in einen See wirft.

Die Lorenz-Transformation beschreibt die Bewegung eines Vektors im Raum – sie ist ein wesentliches Element in der Relativitätstheorie.

Nullpunkt		Ursprung	
Winkel	Achsen	Koordinaten-	Relativitäts-
Basisvektor		system	theorie
Vektorunterraum	Vektorraum		(Lorenz-
Vektor		Vektor-raum	Trans-formation)
Größe des Vektors	Richtung des Vektors	Vektor	
Einheitsvektoren			
Matrix		Matrix	

Diese Beispiele zeigen, daß die „Springbrunnen-Dynamik" des „Aufsteigens, Ausbreitens, Herabsinkens", die man auch „Erschaffung, Entfaltung, Anwendung" nennen könnte, in allen Dingen enthalten ist. Diese Dreischritt-Dynamik muß also zu den Grundelementen, nach denen diese Welt konstruiert worden ist, gehören.

IV 3. o) Die Superstringtheorie

Die Superstringtheorie, die die Physiker heute benutzen, ist ein sehr komplexes Modell. Um es zu beschreiben, wird ein mathematisches Modell benötigt, das nicht nur die aus dem Alltag geläufigen drei Raum-Dimensionen und die Zeit-Dimension benutzt, sondern noch sieben weitere Raum-Dimensionen, die jedoch nur in Bereichen, die weit kleiner als ein Elektron sind, sichtbar werden – diese sieben Dimensionen sind sozusagen „verborgen". Eine dieser sieben zusätzlichen Dimensionen hat die Eigenschaft, daß sie die anderen zehn Dimensionen „einhüllt", also zusammenfaßt.

Dieses elfdimensionale mathematische Modell entspricht exakt dem kabbalistischen

Lebensbaum:

- Die oberste dieser elf Sphären (Kether) entspricht der Zeit-Dimension.

- Die drei Sphären unter ihr (Chokmah, Binah, Da'ath) entsprechen den drei „normalen", endlosen Raum-Dimensionen.

- Die sechs folgenden Sphären (Chesed, Geburah, Tiphareth, Netzach, Hod, Yesod) entsprechen den sechs „verborgenen" und begrenzten Raum-Dimensionen.

- Die unterste Sphäre (Malkuth) entspricht der „zusammenfassenden" Dimension.

Lebensbaum und Superstringtheorie				
Lebensbaum		*Lebensbaum-Graphik*	*Superstringtheorie*	
Sephiroth	*Zuordnung*		*Qualität*	*Dimension*
Kether	Gott		ewig	1.
Chokmah			unendlich	2.
Binah	Götter			3.
Da'ath				4.
Chesed			endlich	5.
Geburah	Seele			6.
Tiphareth				7.
Netzach			endlich	8.
Hod	Psyche			9.
Yesod				10.
Malkuth	Körper		zusammenfassend	11.

Es ist letztlich nicht verwunderlich, daß die auch Superstringtheorie so präzise dem Lebensbaum entspricht, wenn der Lebensbaum eine Struktur ist, die in allen Dingen enthalten ist.

Es ist lediglich gewöhnungsbedürftig, daß es eine solche Struktur gibt, der entsprechend alle Dinge von einer Zelle über ein Bienenvolk bis zur Superstringtheorie aufgebaut sind.

101

Dasselbe Konzept der „allgegenwärtigen Struktur" findet sich auch im I Ging, im Tarot, in dem Mandala der vier Elemente und der Quintessenz und ähnlicher Systeme. Das Besondere an dem Lebensbaum ist letztlich nur die Differenziertheit und die mathematische Genauigkeit dieses Systems.

Es ist im Rahmen dieses Buches natürlich nicht möglich, die vielen Anwendungs-möglichkeiten, Feinstrukturen und Dynamiken des Lebensbaumes darzustellen.[9]

IV 3. p)   Lebensbaum und Tierkreis

Die drei Dynamiken, aus denen sich der Lebensbaum herleitet, finden sich in der Astrologie als die drei Dynamiken „kardinal, fix und beweglich".

Andererseits findet sich der Tierkreis in der Form von Horoskopen auch auf dem Lebensbaum an den Übergängen:

- Das Geburtshoroskop eines Menschen gehört zu dem „Graben" zwischen dem Bereich der Seele und der Psyche, da es entsteht, wenn sich eine Seele inkarniert und dadurch eine Psyche erschafft.

- Die Transite zu einem Horoskop, also die Planetenstände in einem be-stimmten Augenblick im Verhältnis zum Geburtshoroskop gehören zu der „Schwelle" zwischen Psyche und Körper, der dem „Hier und Jetzt" von Malkuth entspricht.

- Am „Abgrund" finden sich die u.a. die zwölf Elementarteilchen, die dem Tierkreis entsprechen.

Man könnte hier auch das Horoskop der Seele vermuten, wenn sie als „ab-gegrenzter Tropfen" aus dem „Meer einer Gottheit" heraus entsteht, indem sie sich von dieser Gottheit abgrenzt. Dieser Vorgang wird sich sehr wahrschein-lich niemals sicher nachweisen lassen, aber er kann in der Meditation und auf Traumreisen erlebt werden.

- Zu der „Ersten Ursache" gehört schließlich die Entstehung des ersten Superstrings nach dem Urknall – der wie der Tierkreis ein zwölfgeteilter Ring ist.

Hier kann man die „Horoskope der Götter" vermuten, die sich natürlich noch viel weniger nachweisen lassen als die „Horoskope der Seelen" und die

---

9   Bei Bedarf findet sich eine ausführliche Darstellung in meinen drei Büchern „Blüten des Lebensbaumes I, II, III".

ziemlich hypothetisch sind …

Immerhin zeigt diese Betrachtung, daß der Lebensbaum und der Tierkreis eng miteinander verknüpft sind.

In der Lebensbaum-Graphik sind die Übergänge als dicke, graue Querbalken dargestellt worden.

Lebensbaum und Tierkreis			
Sephiroth (Bereiche)	*Planet (Zuordnung)*	*Übergänge (Tierkreis)*	*Lebensbaum (Graphik*
Kether	Pluto		
		„Erste Ursache": Horoskop einer Gottheit (?)	
Chokmah	Neptun		
Binah	Uranus		
Da'ath	Saturn		
		„Abgrund": Horoskop der Seele (?)	
Chesed	Jupiter		
Geburah	Mars		
Tiphareth	Sonne		
		„Graben": Horoskop	
Netzach	Venus		
Hod	Merkur		
Yesod	Mond		
		„Schwelle": Transite ($\approx$ Horoskop eines Augenblicks)	
Malkuth	Erde		

IV 3. q) Kundalini

Bei dem Fluß der Kundalini finden sich ebenfalls die drei Dynamiken der Konvektionsströmung:

1. Aufsteigen der Kundalini vom Wurzelchakra aus in der Körpermitte,

2. Entfalten der Kundalini über dem Scheitelchakra und

3. Herabfließen der Kundalini rings um den Körper zum Wurzelchakra.

Meistens wird nur der Lebenskraftfluß vom Wurzelchakra bis zum Scheitelchakra als „Kundalini" bezeichnet, seltener der gesamte Lebenskraft-Kreislauf im Körper.

Das Vorhandensein dieses Kreislaufs läßt eine interessante Schlußfolgerung zu:

- Wenn dieser „Kundalini" genannte Lebenskraftfluß vom Herzchakra als dem Zentrum des Chakrensystems ausgelöst werden würde, müßte der Lebenskraftfluß vom Herzchakra aus nach oben und wieder zur Mitte zurück sowie vom Herzchakra nach unten und wieder zu Mitte zurück fließen.

- Der Lebenskraftfluß vom Wurzelchakra zum Scheitelchakra hinauf und wieder hinunter weist darauf hin, daß Lebenskraft von der Erde aus in das Wurzelchakra strömt und dann in dem Menschen diesen Strömungswirbel entstehen läßt – wie ein Bach, der in einen Teich fließt.

- Daraus ergibt sich, daß die Menschen durch eine Lebenskraft-Nabelschnur mit der Erde verbunden sind und vermutlich von ihr mit Lebenskraft „ernährt" werden.

- Diese Nabelschnur ist in den Kundalini-Meditationen ein wichtiges Element beim Erwecken der Kundalini.

Die aufsteigende Kundalini sowie das Strahlen des Lebenskraftkörpers, das dadurch entsteht, wird in vielen Bildern und Statuen von Buddha und Shiva dargestellt.

die aufsteigende Kundalini und die strahlende Aura

Buddha mit Kundalini

Medizin-Buddha mit Aura

Buddha Manjushri mit Aura

Die Kundalini-Konvektionsströmung ist auch eins der zentralen Elemente im Yoga, insbesondere im Kundalini-Yoga und in seiner tibetischen Version, dem Tummo.

Durch die Konzentration auf das unterste Chakra wird eine innere Hitze geweckt, die dann langsam in der Körpermitte aufsteigt, sich über dem Scheitel entfaltet und dann rings um den Körper herum wieder hinabfließt. Die durch diese Meditation erzeugte innere Hitze wärmt auch den materiellen Körper bei den Meditationen der tibetischen Lamas im eisigen Himalaya.

Die aufsteigende Hitze wird oft als Schlange abgebildet. Die Entfaltung dieser Hitze zu einer „Fontäne" über dem Scheitel wird manchmal durch sieben Schlangenköpfe, die den sieben Chakren entsprechen, dargestellt. Das Niedersinken der Hitze rings um den Körper wird nur selten abgebildet.

IV 3. r) Akupunktur-Meridiane

Die Akupunktur-Meridiane laufen in vier Dreiergruppen auf beiden Körperhälften vom Kopf über den Rücken zu den Händen, vom Kopf über die Brust zu den Händen, vom Kopf über den Rücken zu den Füßen und vom Kopf über die Brust und den Bauch zu den Füßen.

105

Es ist anzunehmen, daß diese zweifach symmetrisch auftretenden „4·3=12" Meridiane den zwölf Tierkreiszeichen entsprechen. Bei dem Großteil der Akupunktur-Meridiane läßt sich die Verwandtschaft zu den Tierkreiszeichen auch gut erkennen.

Vermutlich entsprechen auch diese Dreiergruppen von Meridianen dem Dreischritt, da sie zum großen Teil in regelmäßiger Weise den Tierkreiszeichen entsprechen.

IV 3. s) Die Götter der Zeit

In der Mythologie findet sich die dreifache Dynamik am deutlichsten bei den Indern in der Götterdreiheit Brahma der Erschaffer, Vishnu der Erhalter (Entfalter) und Shiva der Zerstörer (Auflöser) wieder.

Eine ähnliche Dreiteilung findet sich in den indogermanischen Religionen bei den drei Schicksals- und Geburtsgöttinnen, die bei den Germanen „Nornen", bei den Römern „Parzen", bei den Griechen „Moiren" usw. heißen. Mit diesen drei Göttinnen ist das Bild des Spinnens des Lebensfadens (Erschaffen), des Bemessens des Lebensfadens (Entfaltung) und des Abschneidens des Lebensfadens (Ergebnis) verbunden.

IV 3. s) Dreigliederung

Eine spezielle Variante des Dreischritts ist die Dreigliederung, die von Rudolf Steiner formuliert worden ist. Sie entspricht der „Springbrunnen-Dynamik": die drei Stufen der System-Entwicklung, die vor allem im Zusammenhang mit Unternehmen verwendet wird.

Diese drei Stufen sind:

- 1. Phase („Luzifer"): Gründung – viel Engagement, viel Arbeit, viel Bewegung, Neues

- 2. Phase („Arhiman"): Festigung – Regeln, Festlegungen, Routinen, Beruhigung, Absicherung

- 3. Phase („Christus"): Anwendung – Rhythmus, Lebendigkeit, Flexibilität, Kooperation, Ausbau

IV 3. t) Zusammenfassung

Die Betrachtungen in diesem etwas längeren Kapitel zeigen, daß die drei Dynamiken ein wesentliches Element sind, das sich in vielen Zusammenhängen und Systemen wiederfinden läßt. Sie lassen z.B. in dem Tierkreis aus den vier Elementen die zwölf Tierkreiszeichen entstehen.

Die Dynamik der „3"			
Bereich	*Dynamik*		
	erschaffend	*entfaltend*	*differenzierend*
Springbrunnen	Strahl	Fontäne	Tropfen
Sonne	aufsteigende heiße Materie	sich an der Oberfläche ergießende heiße Materie	niedersinkende kalte Materie
Erde	aufsteigendes Magma	Kontinentaldrift und Gebirgsbildung	niedersinkende Kontinentalplatten
	aufsteigende Lava	Lava-Fontaine (Vulkan)	niederfließende Lava
Golfstrom	erwärmtes Wasser an der Meeresoberfläche	Meeresströmung	abgekühltes Wasser in der Meerestiefe
Wind	aufsteigende Luft in Warmbereichen	Wind	niedersinkende Luft in Kaltbereichen
Suppentopf	aufsteigendes Wasser	Blasen an der Oberfläche	niedersinkendes Wasser
Sonnenwind	Sonnenwind	Stoßfront	Bugwelle
Elementarteilchen	normale Größe	erhöhte Größe	maximale Größe
Kundalini-Yoga	aufsteigende innere Hitze	Entfaltung über dem Scheitel	Niedersinken rings um den Körper
Chakren	Chakren	Kshetram	Aura-Außenbild
Tierkreis	kardinale Zeichen: Widder, Krebs, Waage, Steinbock	fixe Zeichen: Löwe, Skorpion, Wassermann, Stier	bewegliche Zeichen: Schütze, Fische, Zwillinge, Jungfrau
Lebensbaum	Erschaffung	Ausgestaltung	Ausführung
3 Götter	Brahma der Erschaffer	Vishnu der Erhalter	Shiva der Zerstörer
3 Schicksalsgöttinnen	Spinnen des Lebensfadens	Bemessen des Lebensfadens	Abschneiden des Lebensfadens

IV 4. die „4"

Bei der Betrachtung des Dreischritts hat sich gezeigt, daß er u.a. ein wesentliches Element im Aufbau des Tierkreises ist. Da sich die zwölf Tierkreiszeichen dadurch ergeben, daß die vier Elemente in diesen drei Dynamiken auftreten, stellt sich die Frage, ob es nicht auch eine durch die „4" geprägte grundlegende Struktur gibt – so wie die Entwicklungsdynamik der „3" eine grundlegende Dynamik ist.

Dann würde sich aus der Kombination der „4" und der „3" (mathematisch gesehen also durch ihre Multiplikation) die „12" ergeben.

IV 4. a) Der Tierkreis

Der „4·3"-Aufbau des Tierkreises ist deutlich zu sehen:

Der Aufbau des Tierkreises					
		Element			
		Feuer	*Wasser*	*Luft*	*Erde*
	kardinal	Widder	Krebs	Waage	Steinbock
Dynamik	fix	Löwe	Skorpion	Wassermann	Stier
	beweglich	Schütze	Fische	Zwillinge	Jungfrau

Allerdings sagt diese Ordnung zunächst einmal nicht allzuviel über die Herkunft und die innere Struktur des Wesens der vier Elemente aus.

Der Charakter der vier Elemente läßt sich einfach darstellen:

- Feuer   = Handlung   → Stärke
- Wasser   = Gefühle   → Liebe
- Luft   = Gedanken   → Wahrheit
- Erde   = Körper   → Gedeihen

Es läßt sich immerhin sagen, daß Feuer und Luft miteinander verwandt sind – sie bilden im Tierkreis das Feuer/Luft-Sechseck, deren Zeichen durch die Konjunktion, das Sextil, das Trigon und die Opposition miteinander verbunden sind, also durch die verbindenden Aspekte.

Durch diese Aspekte sind auch die Wasser- und Erdzeichen miteinander verbunden und bilden das zweite Sechseck.

Die Tierkreiszeichen dieser beiden Gruppen haben zueinander jedoch nur die trennenden Aspekte Quincunx, Quadrat und Halbsextil.

Es gibt also bei den vier Elementen die Feuer/Luft-Gruppe und die Wasser/Erde-Gruppe, die beide relativ eigenständig sind.

=> Hier sind die vier Elemente Feuer, Wasser, Luft und Erde die Grundlage der zwölf Teile eines Kreises.

Feuer und Luft sind miteinander verwandt; Wasser und Erde sind miteinander verwandt.

IV 4. b) Die Elementarteilchen

Dieselbe Form der Gruppenbildung gibt es auch bei den zwölf Elementarteilchen:

- Es gibt die beiden schweren Quarks (up-Quark, down-Quark) und die beiden leichten Teilchen (Elektron, Neutrino) also zwei Zweier-Gruppen.

- Auch diese vier Teilchen treten in drei Zuständen bzw. Größen auf.

Die Zuordnung der beiden Quarks sowie des Elektrons und des Neutrinos zu den beiden Elemente-Paaren Feuer/Luft und Wasser/Erde ist noch ungewiß. Entsprechen die beiden Quarks den beiden schweren Elementen Wasser und Erde, da sie die beiden schweren Teilchen in dieser Gruppe sind?

Die Bildung von zwei Gruppen scheint bei der „4" ein wesentliches Element zu sein.

=> Hier erscheinen wieder vier Grundelemente in drei Größen und bilden so zwölf Teilchen.

Auch sie bilden zwei Paare: die beiden Quarks, die schwer sind; und die beiden Elektron und Neutrino, die im Vergleich zu den Quarks sehr leicht sind.

IV 4. c) Die Himmelsrichtungen

Bei der „4" denkt man natürlich sofort an die vier Himmelsrichtungen und den mit ihnen zusammenhängenden Jahreszeiten. Zu ihnen lassen sich recht einfach die vier

Elemente zuordnen:

Osten	– Frühling	– Luft (Neubeginn)
Süden	– Sommer	– Feuer (Hitze)
Westen	– Herbst	– Wasser (Regen, Früchte)
Norden	– Winter	– Erde (Ruhe, Kälte)

Diese Übersicht läßt sich noch durch die Tageszeiten und die Lebensphasen eines Menschen ergänzen:

Osten	– Frühling	– Luft	– Morgen	– Geburt
Süden	– Sommer	– Feuer	– Mittag	– Leben
Westen	– Herbst	– Wasser	– Abend	– Tod
Norden	– Winter	– Erde	– Nacht	– Jenseits

Das ist zwar ein schönes Mandala, das sich noch durch so manche weitere Analogie wie „Blüte – Frucht – Reife – Kahlheit" ergänzen läßt und das in Ritualen vermutlich seit spätestens der frühen Jungsteinzeit eine große Rolle spielt, aber dieses Mandala hilft bei dem Verständnis der vier Elemente nicht viel weiter.

Man kann die vier Elemente in einem viergeteilten Kreis anordnen – aber diese Anordnung der Elemente in ihm sagt eigentlich nicht viel über die innere Struktur der vier Elemente aus. Man kann lediglich sagen, daß Luft und Feuer leicht sind und die Wärme mehren und daß Wasser und Erde schwer sind und die Wärme mindern.

=> Hier erscheinen die vier Elemente als ein Kreis, als eine endlose Folge von vier verschiedenen Zuständen.

Auch hier bilden Feuer/Luft und Wasser/Erde zwei Gruppen.

IV 4. d) Die Aggregatzustände

Es gibt vier Aggregatzustände, die vier deutlich unterscheidbare physikalische Zustände bezeichnen. Diese Zustände entsprechen recht genau den vier Elementen.

1. fest:
- Die einzelnen Atome sind fest und unbeweglich miteinander verbunden.
- Das Energieniveau in dieser Atom-Verbindung ist recht niedrig.
- Der feste Aggregatzustand entspricht dem Element Erde.

110

2. flüssig:
- Die einzelnen Atome sind zwar miteinander verbunden, aber sie wechseln ständig die Atome, mit denen sie verbunden sind. Dadurch hält die Bindung zwar die Atome in einer Gemeinschaft zusammen, aber diese Gemeinschaft ist beweglich.
- Das Energieniveau in dieser Atom-Verbindung ist etwas höher als bei dem festen Zustand.
- Der flüssige Aggregatzustand entspricht dem Element Wasser.

3. gasförmig:
- Die einzelnen Atome sind unabhängig voneinander und haben keine Bindungen aneinander.
- Das Energieniveau in dieser Atom-Verbindung ist hoch.
- Der gasförmige Aggregatzustand entspricht dem Element Luft.

4. plasmaförmig:
- Die Elektronen der einzelnen Atome haben sich losgelöst und bilden nun eine frei bewegliche Elektronenwolke, innerhalb derer sich die Atomkerne bewegen.
- Das Energieniveau in dieser Atom-Verbindung ist sehr hoch.
- Der plasmaförmige Aggregatzustand entspricht dem Element Feuer.

=> Hier erscheinen die beiden Aggregatzustände fest (Erde) und flüssig (Wasser) miteinander verwandt (niedriges Energieniveau).

Ebenso erscheinen die beiden Aggregatzustände gasförmig (Luft) und plasmaförmig (Feuer) als verwandt (hohes Energieniveau).

Das entspricht der klassischen Beschreibung der vier Elemente: Feuer und Luft sind die beiden heißen (energiereichen) Elemente; Wasser und Erde sind die beiden kalten (energiearmen) Elemente.

111

IV 4. e) Das Quadrat

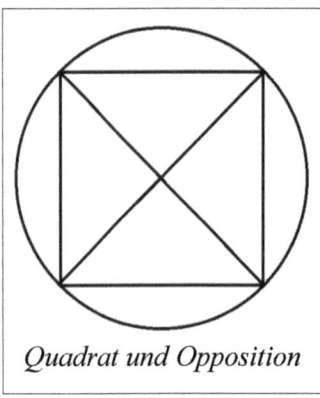

Quadrat und Opposition

Die „4" ist natürlich eng mit dem astrologischen Quadrat verwandt. Wenn man in den Tierkreis vier fortlaufenden Quadrate einzeichnet, erhält man ein geometrisches Quadrat in einem Kreis. Die beiden zweimal zwei gegenüberliegenden Ecken des Quadrates lassen sich durch zwei Diagonalen verbinden, die astrologisch gesehen zwei Oppositionen sind.

Die vier Quadrate ergeben sich also aus der Kombination von zwei Oppositionen. Interessanterweise verbindet die eine dieser beiden Oppositionen stets ein Feuer- und ein Luft-Zeichen, während die andere Opposition stets ein Wasser- und ein Erd-Zeichen miteinander verbindet.

Da die zweipolare Opposition der ebenfalls zweipolaren elektromagnetischen Kraft entspricht, sieht es so aus, also ob sich der Charakter der „4" aus der Kombination eines Paares von „2" ergeben würde. Bedeutet das, daß das Wesen der „4" ein Ableger der „2" ist, eine Herleitung von ihr, eine Sekundärbildung?

=> Auch hier erscheinen wieder die beiden Paare Feuer/Luft und Wasser/Erde, die eine grundlegende Einteilung der vier Elemente zu sein scheinen.

Das Quadrat ergibt sich aus der Kombination von zwei Oppositionen.

IV 4. f) Das Photon

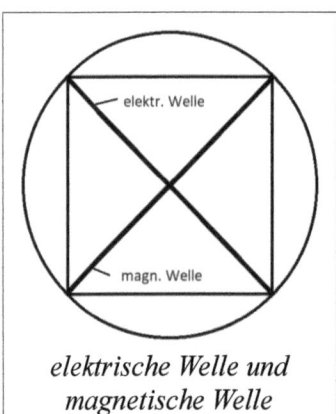

elektrische Welle und magnetische Welle (Blick von vorn)

Wenn man in der Natur nach zwei sich kreuzenden Oppositionen sucht, findet man das Photon. Das Photon, also ein Lichtteilchen, kann man als zwei Wellen darstellen: eine elektrische Welle und im rechten Winkel dazu eine magnetische Welle.

Wenn die elektrische Welle einen Wellenberg, also eine hohe Energie hat, hat die magnetische Welle eine niedrige Energie – und wenn die magnetische Welle einen Wellenberg, also eine hohe Energie hat, hat die elektrische Welle eine niedrige Energie. Die Energie wechselt also zwischen diesen beiden Wellen hin- und her.

112

In dem Diagramm auf der vorigen Seite ist die elektrische Welle die eine Diagonale und die magnetische Welle die andere Diagonale. Das dargestellte Diagramm zeigt die beiden Wellen von vorn, also aus dem Blickwinkel eines Betrachters, auf den das Licht zufliegt.

Wenn man den Lichtstrahl von der Seite her betrachtet, sieht er wie in der folgenden Graphik aus:

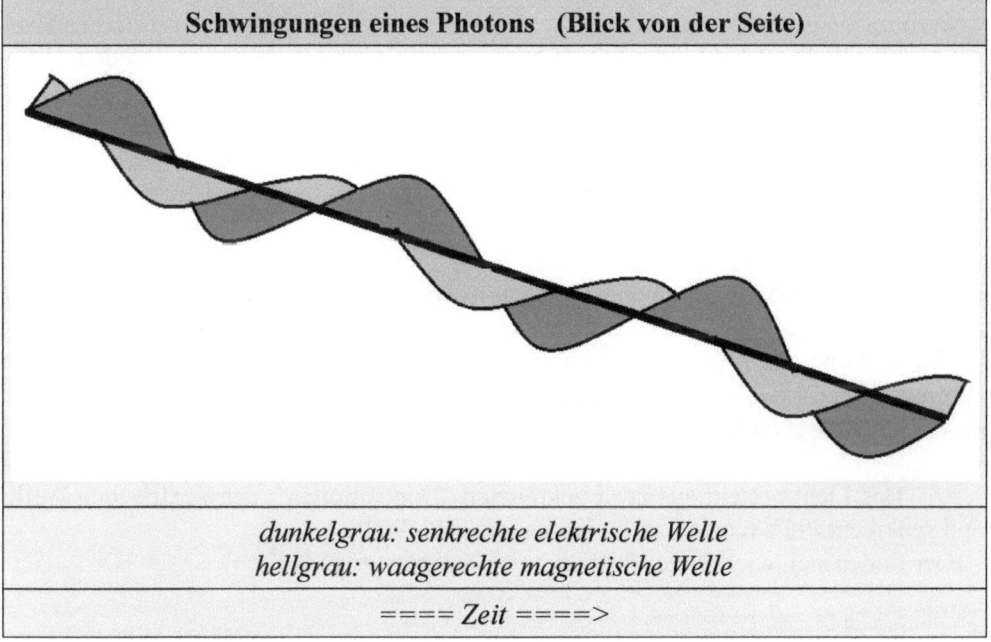

Schwingungen eines Photons   (Blick von der Seite)

dunkelgrau: senkrechte elektrische Welle
hellgrau: waagerechte magnetische Welle

==== Zeit ====>

Die Energie in der elektromagnetischen Welle wechselt also ständig von der elektrische Welle zur magnetischen Welle und wieder zurück – sie haben abwechselnd ihr Maximum (Gipfel des Bogens) und ihr Minimum („0", die Achse).

In der folgenden Graphik ist die Diagonale von links oben nach rechts unten die elektrische Welle und die Diagonale von rechts oben nach links unten die magnetische Welle. Der dicke Balken zeigt an, wo gerade die Energie zu finden ist.

113

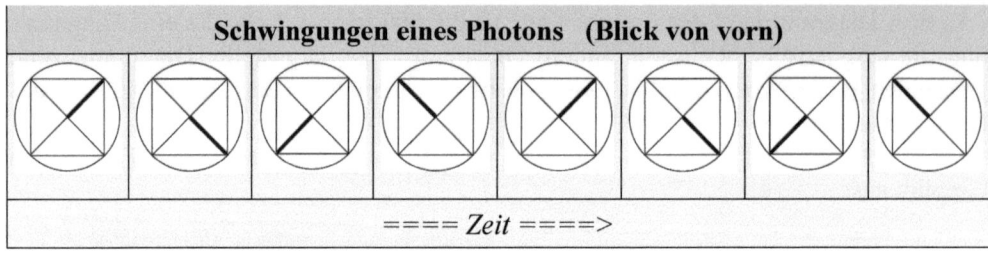

Schwingungen eines Photons   (Blick von vorn)

==== *Zeit* ====>

Warum ist das so? Warum gibt es nicht nur eine einzige Welle? Warum sind es zwei gekoppelte Wellen? Und warum haben sie dann auch noch zwei verschiedene Wirkung, d.h. das elektrische und das magnetische Feld?

Ist das eine Form der Energie-Erhaltung? Wenn es nur eine Welle wäre, gäbe es in dieser Welle abwechselnd maximale Energie und null Energie – bei der Kombination zwischen zwei Wellen, ist die Schwankung in der Gesamtenergie beider Wellen nur noch etwa halb so groß.

Die elektrische Ladung ist zweipolar. Wenn sich eine elektrische Ladung bewegt, entsteht die ebenfalls zweipolare magnetische Kraft. Durch den rechten Winkel zwischen ihnen entsteht dann eine vierpolare Kraft. Dadurch ergibt die „Polaritäten-Multiplikation", die schon mehrfach erwähnt worden ist, „$1 \cdot 3 \cdot 4 = 12$". Die schwache Wechselwirkung mit ihrer (zweipoalren) elektrischen Ladung wäre somit ein Teil der elektromagnetischen Kraft.

=>   Das Licht besteht aus zwei gekreuzten „Oppositionen": der elektrischen Welle und senkrecht (90°-Winkel) dazu die magnetische Welle.

Hier finden sich wieder vier Pole in zwei Gruppen (zwei Wellen).

IV 4. g)   Die beiden Sechsecke

Im Tierkreis gibt es das Dreieck der drei Feuer-Zeichen, die durch Trigone miteinander verbunden sind. Das Dreieck der drei Luftzeichen ist mit dem Feuer-Dreieck durch Sextile und Oppositionen verbunden. Das Sechseck aus den Feuer- und Luftzeichen wird folglich durch Sextile, Trigone und Oppositionen zu einem organischen Gebilde zusammengefügt. Es ist eine Gruppe mit mehreren Eigenschaften: Sie pulsiert (Oppositionen), sie hat eine Entwicklungsdynamik (Trigone) und ihre Mitglieder regen sich gegenseitig an (Sextil).

Dasselbe gilt auch für die zweite Gruppe der Tierkreiszeichen, die aus den drei Wasserzeichen und aus den drei Erdzeichen besteht. Auch sie bilden eine organische

Gruppe (im Tierkreis ein Sechseck) mit einen festen inneren Zusammenhalt.

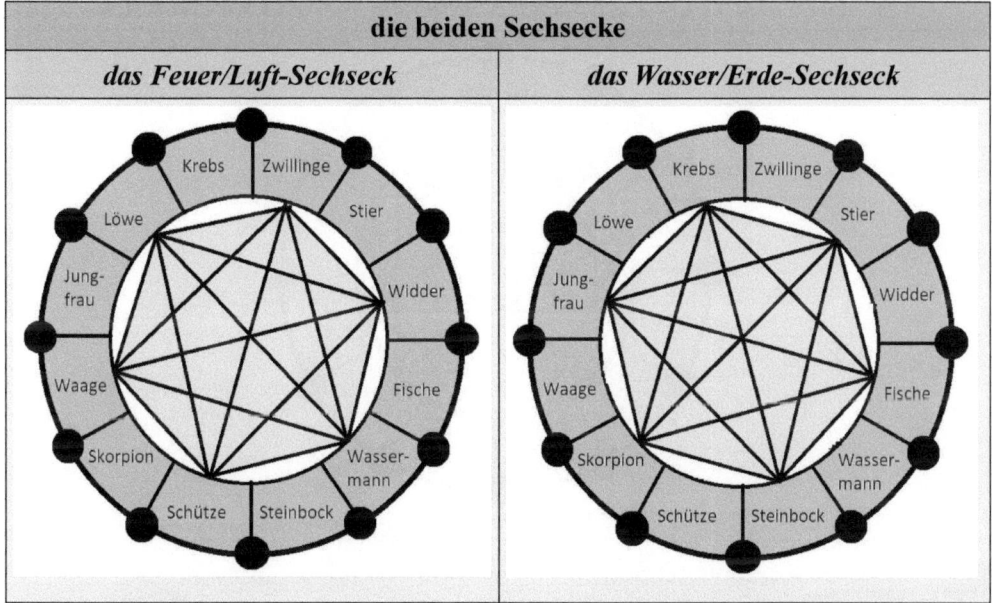

die beiden Sechsecke	
das Feuer/Luft-Sechseck	*das Wasser/Erde-Sechseck*

Die beiden Gruppen haben jedoch untereinander nur die Aspekte Halbsextil (Weiterentwicklung), Quadrat (Trennung) und Quincunx (Verwandlung). Diese beiden Gruppen bilden folglich keine übergeordnete organische Einheit, sondern zwei Gruppen, die sich gegenüber der jeweils anderen Gruppe abgrenzen (Quadrat), sich durch den Einfluß der anderen Gruppe verwandeln (Quincunx) und sich unter deren Einfluß weiterentwickeln (Halbsextil).

Durch die „1" der Gravitation (Konjunktion), die „2" der elektromagnetischen Kraft (Opposition) und die „3" der Farbkraft (Trigon) lassen sich die beiden Sechsergruppen herstellen: „$1 \cdot 2 \cdot 3 = 6$".

Um von der Sechsergruppe zu der Zwölfergruppe des Tierkreises zu gelangen, sind jedoch offenbar die trennenden, verwandelnden und weiterentwickelnden Qualitäten von Quadrat, Quincunx und Halbsextil notwendig.

Man sollte also davon ausgehen können, daß diese Qualitäten mit den vier Elementen verbunden sind – als Verhältnis zwischen Feuer/Luft und Wasser/Erde.

die beiden Sechsecke
die Verbindung *zwischen dem Feuer/Luft-Sechseck und dem Wasser/Erde-Sechseck*

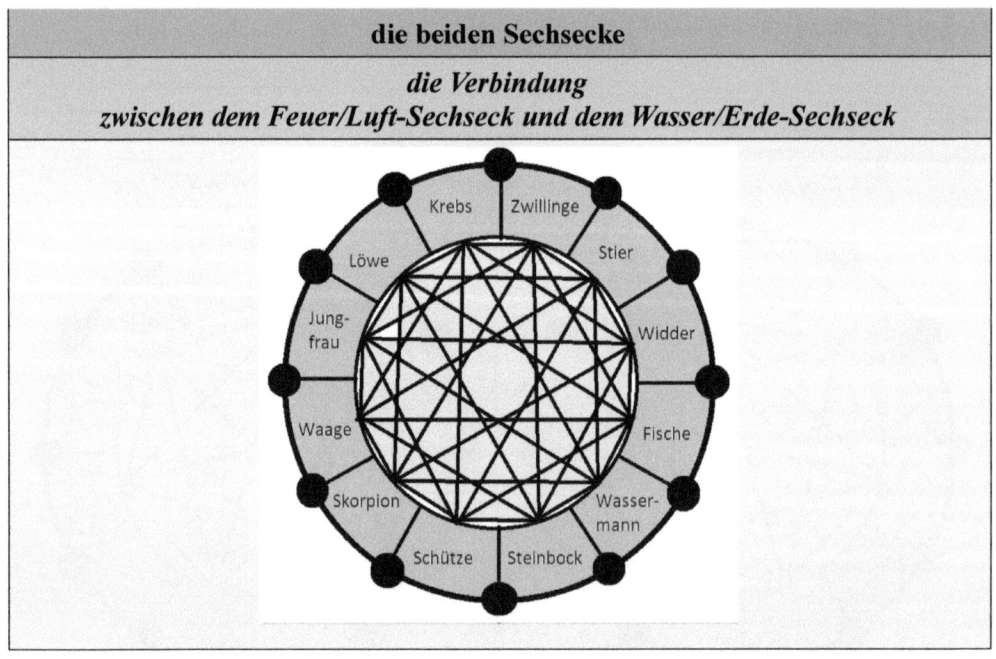

=> Feuer/Luft und Wasser/Erde sind voneinander getrennt, verwandeln sich gegenseitig und entwickeln sich gegenseitig weiter.

IV 4. h) Die schwache Wechselwirkung

Die schwache Wechselwirkung tritt nur im Atomkern auf, da sie wie die Farbkraft nur eine sehr geringe Reichweite hat.

Im Gegensatz zu den drei anderen Kräften kann die schwache Wechselwirkung keine Bindung herstellen, sondern kann (abgesehen von einem Energie- und Impulsaustausch) nur den Zerfall und damit die Verwandlung von Atomkernen herbeiführen.

Die schwache Wechselwirkung entspricht von ihrer Wirkung her folglich den drei Aspekten Quadrat, Quincunx und Halbsextil:

1. Quadrat:

- Die schwache Wechselwirkung läßt ein Neutron in ein Proton und ein Elektron zerfallen.

Sie kann jedoch auch ein Proton in ein Neutron und ein Positron zerfallen lassen.

Hier werden zwei Teilchen getrennt, was der Qualität des Quadrates entspricht.

Der trennende Charakter des Quadrates („Zeltstange") verhindert zudem, daß die schwache Wechselwirkung wie die die drei Grundkräfte (Gravitation, elektromagnetische Kraft, Farbkraft) eine Bindung zwischen zwei Teilchen herstellen kann.

2. Halbsextil:

- Das Atom, in dessen Kern sich ein Neutron in ein Proton verwandelt hat, hat nun ein Proton mehr im Kern als vorher und ist somit zu einem anderen chemischen Element geworden.

Hier wird ein Atom in ein anderes Atom verwandelt, was der Weiterentwicklungs-Qualität des Halbsextils entspricht.

3. Quincunx:

- Die schwache Wechselwirkung hält sich nicht an die Parität (Symmetrien) in der Physik, die von den drei Grundkräften niemals verletzt wird. (Die Parität wird weiter unten noch genauer erklärt.)

Hier wird das Quincunx wirksam, das Ordnung auflöst und wiederherstellt und das Spannungen auflöst und wieder aufbaut. Das Quincunx stört die allgemeine Ordnung.

Das Wirken einer Kraft kann durch den Austausch eines Teilchens beschrieben werden. Das gilt auch für die schwache Wechselwirkung:

- Gravitation: Graviton
- elektromagnetische Kraft: Photon (Licht)
- Farbkraft: Gluon
- schwache Wechselwirkung: Z^0-Boson, W^+-Boson, W^--Boson

Die Besonderheit an den Bosonen der schwachen Wechselwirkung ist, daß sie im Gegensatz zu den anderen Austauschteilchen eine elektrische Ladung haben können (W^+-Boson, W^--Boson). Diese Bosonen sind offensichtlich mit der elektromagnetischen Kraft verwandt. Diese Vermutung hatte sich ja auch schon aus den bisherigen Betrachtungen ergeben: Das Quadrat enthält zwei Oppositionen (elektromagnetische Kraft).

117

Die Reichweite der schwachen Wechselwirkung ist auf den Atomkern beschränkt, da ihre Austauschteilchen im Gegensatz zu den Austauschteilchen der anderen drei Grundkräfte eine große Masse haben.

Die Stärke der schwachen Wechselwirkung liegt zwischen der Stärke der Gravitation und der Stärke der elektromagnetischen Kraft – am nächsten liegt ihre Stärke bei der Sträke der elektromagnetischen Kraft, mit der sie ja auch verwandt ist:

die relative Stärke der Grundkräfte	
Kraft	*relative Stärke*
Gravitation	1
schwache Wechselwirkung	10^{26}
elektromagnetische Kraft	10^{37}
Farbkraft	10^{39}

Eine Besonderheit der schwachen Wechselwirkung ist es, daß sie als einzige Kraft die sogenannte „Parität" verletzen kann, d.h. (stark vereinfacht gesagt) daß sie Symmetrien (zer-)stören kann.[10]
Die Parität besagt,

1. daß ein physikalischer Prozeß auch spiegelverkehrt ablaufen kann (ein Versuchsaufbau mit einem linksdrehenden Prozeß sollte zwar spiegelverkehrt zu demselben Versuchsaufbau mit einem rechtsdrehenden Prozeß, aber ansonsten identisch mit ihm sein);

2. daß die beteiligten Teilchen bei einem Prozeß auch durch ihre Antiteilchen ersetzt werden können bzw. daß man alle Ladungen in ihr Gegenteil verwandeln kann; und

3. daß man einen Prozeß auch zeitlich rückwärts laufen lassen kann.

Wenn die Parität erhalten bleibt, verhält sich die neue Versuchsanordnung weiterhin völlig normal: Alle Teilchen halten sich an die üblichen Naturgesetze und alles läuft so ab wie vor der Verwandlung eines Aspektes des Versuchsaufbaus in seine

---

10 Eine sehr anschauliche Schilderung des Paritäts-Prinzips und seiner Verletzung durch die schwache Wechselwirkung findet sich bei youtube unter „Veritasium: This Particle breaks Time-Symmetrie".

Spiegelung, d.h. in sein Gegenteil.

Die schwache Wechselwirkung hält sich jedoch im Gegensatz zu allen anderen Kräften nicht an diese drei Paritäten.

Die drei Paritäten („Symmetrien") sind die Eigendrehung der Teilchen, die Ladung der Teilchen (elektromagnetische Kraft, Farbkraft) und die Richtung der Zeit. „Normalerweise" ist die Spiegelung einer dieser drei Größen ohne Einfluß auf den physikalischen Prozess. Die Spiegelung dieser drei Größen bleibt bei Prozessen, die nur durch die Gravitation, die elektromagnetische Kraft und die Farbkraft bestimmt werden, ohne jegliche Folgen – die Symmetrie bleibt erhalten.

Die Prozesse, die nur durch diese drei Kräfte geprägt werden, entsprechen offensichtlich einem der Sechsecke in dem Tierkreis, in dem alle Tierkreiszeichen harmonisch zusammenwirken. Astrologisch gesehen wirken in einem solchen Sechseck nur Konjunktionen, Oppositionen, Trigone und Sextile.

Die schwache Wechselwirkung, die die Parität, also die drei Symmetrien „Drehung, Ladung, Zeit" verletzen kann, ist offensichtlich das Verbindungsglied zwischen den beiden Sechsecken im Tierkreis – zumal die schwache Wechselwirkung von ihrem Wesen her auch genau dem Halbsextil, dem Quadrat und dem Quincunx entspricht.

=> Die schwache Wechselwirkung ist die Kraft, die die beiden Zweiergruppen der vier Elemente (Feuer/Luft und Wasser/Erde) miteinander verbindet.

IV 4. i) Das d-Orbital

Bei den Elektronen gibt es eine Form des Orbitals, in der die vier Elektronen die Ecken eines Quadrats bilden. Es wird „d-Orbital" genannt.

IV 4. j) Zusammenfassung

Die „4" der vier Elemente ist eine nicht sofort offensichtliche Qualität. Sie hat mehrere Facetten:

- Die „4" ist das astrologische Quadrat, also die Trennung.

- Die „4" ist die Kombination (Kreuzung im 90°-Winkel) von zwei Oppositionen.

119

- Die „4" ist nicht nur der 90°-Winkel des Quadrats (Trennung), sondern auch der 150°-Winkel der Verwandlung und der 30°-Winkel der Weiterentwicklung.

- Die „4" ist die Dynamik zwischen den beiden Sechsecken auf dem Tierkreis, die durch die drei Aspekte Quadrat, Quincunx und Halbsextil beschrieben wird.

IV 5. Dynamik: Ursprung und Entwicklung

Die Grundaussage der Naturwissenschaften ist *„Jede Begegnung zwischen zwei Dingen verändert diese beiden Dinge in vorhersehbarer Weise."*

Die Grundaussage der Magie ist „Gleiches wirkt auf Gleiches." oder etwas genauer gesagt *„Analoge Dinge entwickeln sich analog zueinander."*

Ein vereinheitlichtes Modell der Welt müßte also diese beiden Grundprinzipien in einem einzigen Bild kombinieren.

Den Unterschied zwischen den beiden Weltsichten kann man an einem einfachen Modell veranschaulichen. Beide Weltanschauungen gehen von einem Ur-Anfang aus: die Naturwissenschaften von einem Urknall und die meisten magisch-mythologischen Weltbilder von einer Schöpfung (oft durch einen Urgott).

In beiden Fällen ist die Welt vor der Schöpfung homogen und undifferenziert, also eine Einheit. Der erste Schritt der Schöpfung ist die Differenzierung in zwei Gegensätze.

> - Beim Urknall ist dieser Urgegensatz die kinetische Energie des Urknalls (etwas unpräzise der „Urknallimpuls") und die Gravitationsenergie – also die ausdehnende Bewegung und die zusammenziehende Bewegung. Man kann auch die Entstehung des ersten Teilchens zusammen mit seinem Antiteilchen als dieses Ur-Gegensatzpaar betrachten.
>
> Die Summe des Urgegensatzes (z.B. „+1" und „-1") ist immer „O", da sonst etwas aus dem Nichts erschaffen worden wäre, was aufgrund der Erhaltungssätze unmöglich sein sollte. Die mathematisch-physikalische „Formel" für die Schöpfung lautet daher *„0 = (+1) + (–1)"*.
>
> In den Schöpfungsgeschichten ist dieser Ur-Gegensatz z.B. bei den Chinesen Yin und Yang, bei den Germanen Feuer und Eis oder in Mesopotamien und Ägypten Erde und Wasser bzw. Erdgott und Himmelsgöttin.
>
> Die magisch-mythologische „Formel" für die Schöpfung lautet daher *„Tao = Yin + Yang"*. Auch hier sind Yin und Yang genau gleich groß und daher als Summe wieder neutral („0").

Der erste Schritt in der Entstehung der Welt sieht in dem physikalischen und in dem magisch-religiösen Weltbild daher gleich aus. Man kann ihn wie folgt vereinfacht graphisch darstellen:

121

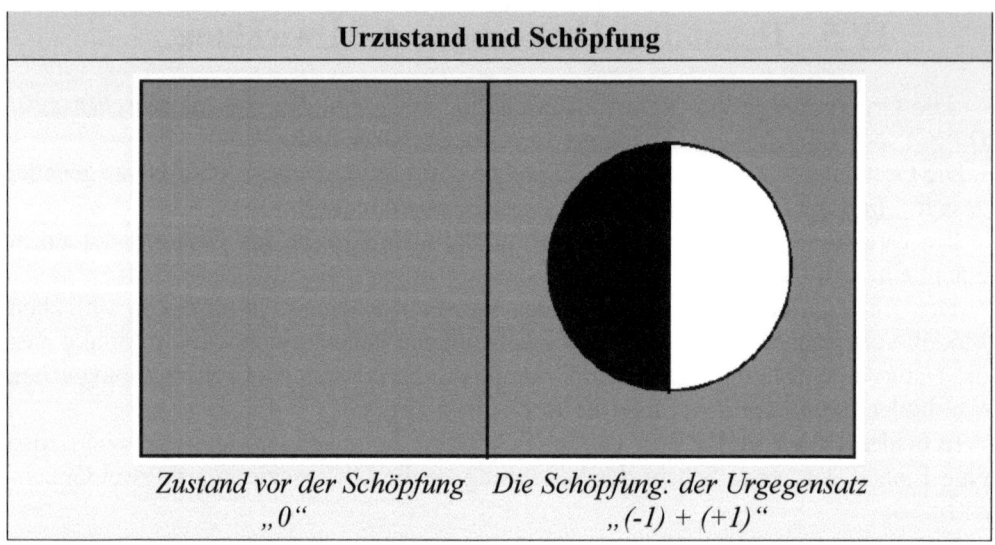

Urzustand und Schöpfung

Zustand vor der Schöpfung   *Die Schöpfung: der Urgegensatz*
        „0"   *„(-1) + (+1)"*

Während der Urzustand und der erste Schritt in beiden Weltbildern noch gleich sind, tritt im zweiten Schritt ein deutlicher Unterschied auf.

In den naturwissenschaftlichen Weltbildern differenziert sich der Urgegensatz auf „diffuse" Weise weiter, während die Differenzierung in den magisch-mythologischen Weltbildern einem Gesamtmuster folgt, durch das ein Mandala entsteht, in dem jedes Teil einen sinnvollen Bezug zu allen anderen Teilen hat.

In dem physikalischen Weltbild gelten die Erhaltungssätze, die besagen, daß es zu jedem Ereignis ein ausgleichendes Ereignis gibt, d.h. das z.B. keine Materie ohne Antimaterie entstehen kann oder das nicht nur die Erde die Bahn des Mondes beeinflußt, sondern auch der Mond die Bahn der Erde. Die älteste Formulierung dieses Prinzips lautet „actio = reactio". Dieses Prinzip wird in der Magie kaum beachtet.

Dieser Unterschied zwischen den physikalischen und dem magischen Weltbildern läßt sich wieder auf einfache Weise graphisch darstellen:

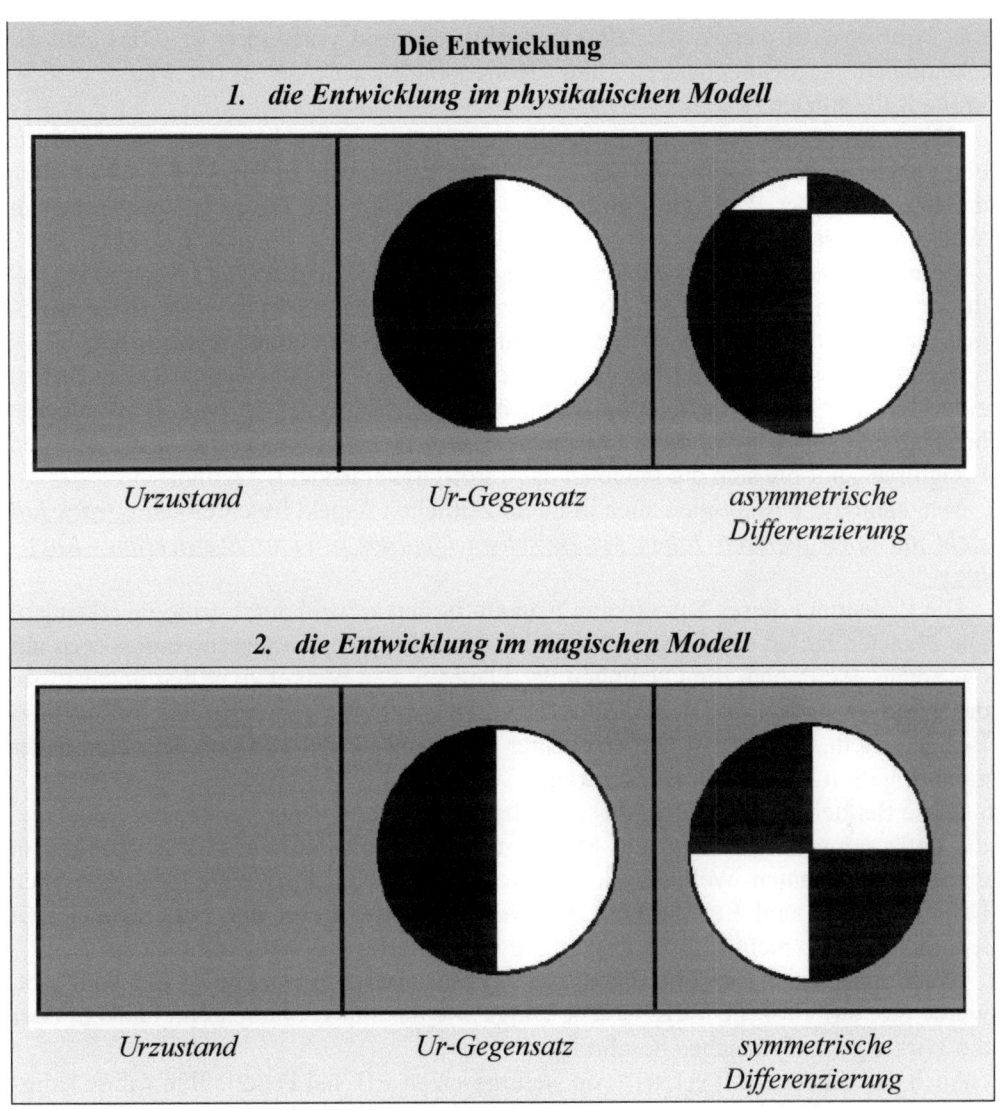

Die Entwicklung

1. die Entwicklung im physikalischen Modell

Urzustand	*Ur-Gegensatz*	*asymmetrische Differenzierung*

2. die Entwicklung im magischen Modell

Urzustand	*Ur-Gegensatz*	*symmetrische Differenzierung*

Der interessante Punkt an diesem Unterschied ist, das das magisch-mythologische Modell nicht im Widerspruch zu dem physikalischen Modell steht, sondern lediglich ein weiteres Element in die Beschreibung einführt: Die Ausdifferenzierung verläuft nicht zufällig, sondern symmetrisch.

In dem magisch-mythologischen Modell ist diese symmetrische Differenzierung nicht nur ein „ästhetischer Aspekt", sondern er ist auch eine Wirkungsmöglichkeit, da

123

die Symmetrie in diesem Modell sozusagen zwingend vorhanden ist – das sind die „Analogien", „Entsprechungen" und „Korrespondenzen", die in der Magie eine so große Rolle spielen.

Diese Symmetrie kann nur dann erhalten bleiben, wenn jedesmal, wenn sich an einer Stelle in dem symmetrischen Aufbau der Welt etwas ändert, sich auch an allen anderen Orten der Welt, die dieser Stelle entsprechen, die Dinge in entsprechender Weise verändern.

Da man in der überaus komplexen Welt von einer vielschichtigen Überlagerung all dieser Änderungen ausgehen muß, ist es zunächst einmal nicht möglich, diese analogen Entwicklungen auf direkte Weise in ihrer ganzen Komplexität festzustellen.

Erst dann, wenn man selber durch eine magische Handlung wie z.B. das Ziehen einer Tarotkarte einen definierten Rahmen hat, innerhalb dessen man die Analogien beobachten kann, werden diese Entsprechungen z.B. zwischen der Tarotkarte und den Ereignissen, auf die sich die Frage an das Tarot-Orakel bezieht, deutlich.

Man kann diese Analogien auch in ihrem zeitlichen Aspekt beschreiben: *„Jedes Teil steht mit allen anderen Teilen mit derselben Qualität in einer Entwicklungs-Kopplung."*

Die Bedeutung dieses Satzes kann man am besten anhand der Astrologie erkennen: Die Planeten laufen auf festgelegten Bahnen mit festgelegten Geschwindigkeiten um die Sonne. Wenn man die Qualitäten der Planeten, der Winkel zwischen ihnen sowie der Tierkreiszeichen und der astrologischen Häuser herausgefunden hat, hat man ein Bezugssystem, das sich in vorhersehbarer Weise entwickelt und von dem man daher zukünftige Entwicklungen ablesen kann.

Diese Betrachtungen zeigen, das zunächst einmal die einzige zusätzliche Annahme, die dafür notwendig ist, um die Magie zusammen mit den Naturwissenschaften in einem gemeinsamen Weltbild zu beschreiben, die Annahme einer symmetrischen Differenzierung und Entwicklung der Welt ist. Diese Form der Entwicklung fällt lediglich deshalb nicht sofort auf, weil die Welt derartig groß und komplex ist.

Wenn man davon ausgeht, das es die „symmetrische Entwicklung" der Welt gibt, würde dies auf einfache Weise solche Dinge wie das Funktionieren von Orakeln oder die Wirkung von Wünschen beschreiben.

Auch das „außer Kraft setzen" von Naturgesetzen z.B. bei Feuerläufen würde lediglich bedeuten, das die magische Analogiewirkung in diesem Fall stärker als die physikalische Kausalwirkung ist.

Der Auslöser der Analogiewirkung bei einem Feuerlauf ist das Vertrauen in die Möglichkeit, mit heilen Füßen über die Glut gehen zu können. Eine wesentliche Funktion bei den Feuerläufen ist das Vorbild, also eine Person, die demonstriert, das es möglich ist. Auf diese Person kann man sich dann anschließend beziehen.

Man kann diese Tradition über die mittelalterlichen Feuerproben und die Feuerläufe u.a. der Druiden immer weiter zurückverfolgen – aber wer diese Möglichkeit als erster entdeckt hat und wodurch, ist natürlich unbekannt. Man kann die traditionell überlieferten Möglichkeit des Laufens über die Glut natürlich auch eigenständig z.B. zu einem nackten Liegen in der Glut oder zu einem „Kirschkern-Spucken" mit Glutstückchen erweitern. (Das ist keine bloße Theorie, sondern meine eigene Erfahrung.)

Diese Möglichkeit, eine Analogie aufzubauen, ist der Grund dafür, das es in fast allen magisch-mytholgischen Traditionen das Erlernen von Meditation und Magie durch einen Lehrer gibt – das Lernen von einem Vorbild ist am einfachsten, da man dabei zu dem Lehrer in Analogie treten kann.

Der Unterschied zwischen der Entwicklung der Welt in den beiden Weltbildern der Physik und der Magie läßt sich durch die folgende Graphik noch etwas deutlicher veranschaulichen:

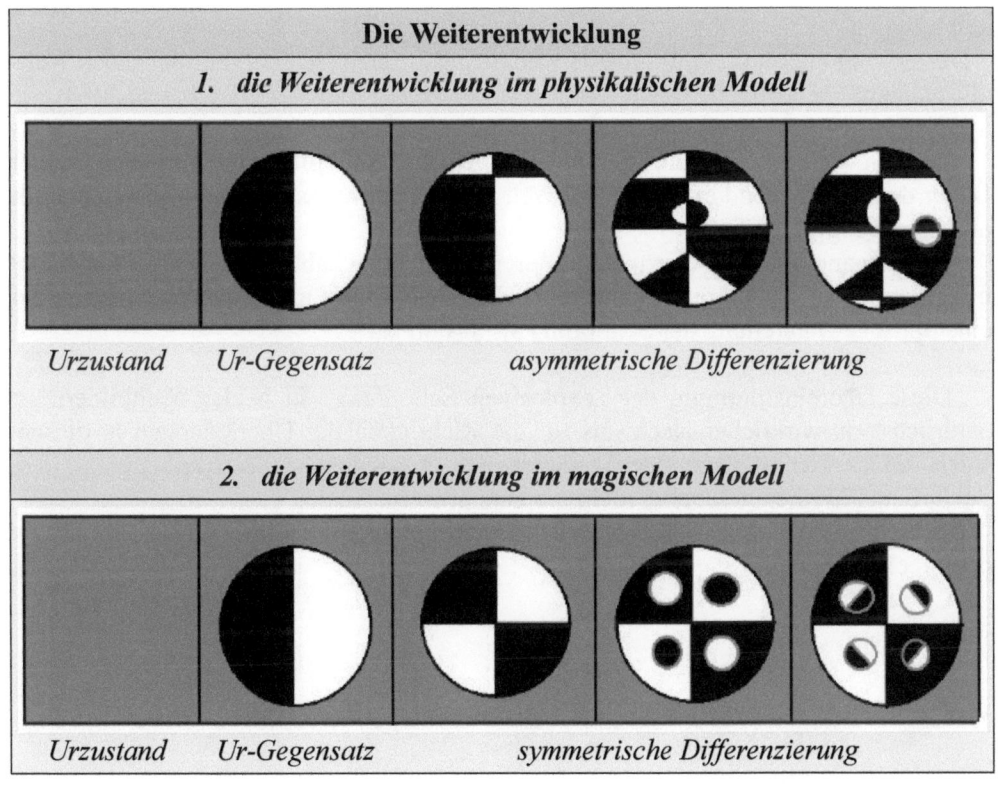

Die Betrachtungen der Winkel, der Struktur und der Dynamik der „12", des „Dreischritts" usw. in früheren Kapiteln zeigen, daß die Welt sich zumindestens nicht

125

vollkommen asymmetrisch entfaltet haben kann.

Wenn man zudem bedenkt, daß die Astrologie die gesamten, komplexen Vorgänge auf der Erde beschreibt, scheint es so gut wie unvermeidbar, daß man von einer symmetrischen Entfaltung der Welt ausgeht, denn wie sollte sonst die komplexe Ordnung der Astrologie in der Welt vorhanden sein können?

- - -

Die Kosmologie, also die Kombination von Kernphysik und Astronomie, konnte nachweisen, daß sich das Universum innerhalb der ersten 10^{-32} Sekunden mit einem Vielfachen der Lichtgeschwindigkeit ausgedehnt hat. Da es in diesem Fall keine Materie ist, die sich in der Raumzeit bewegt, sondern es die Raumzeit selber ist, die sich hier ausdehnt, ist eine Geschwindigkeit von weit mehr als der Lichtgeschwindigkeit möglich.

Dieser Vorgang wird „inflationäres Weltall", also „sich (schnell) aufblähendes Weltall" genannt.

Auch in vielen Schöpfungsgeschichten geht die Schöpfung im Vergleich zu der Dauer der anschließend existierenden Welt sehr schnell vor sich – Gott brauchte dafür nur sieben Tage.

Wenn man Traumreisen zu dem Bereich auf dem kabbalistischen Lebensbaum unternimmt, der die Schöpfung darstellt (Chokmah) erlebt man einen Lichtsturm, der eine optische Darstellung der Schöpfung als Vision ist.

Diese Übereinstimmung der „explosiven Schöpfung" in beiden Weltbildern ist natürlich kein wirklicher Nachweis für die Richtigkeit der Überlegungen in diesem Buch, da es hier nur um den Vergleich der physikalischen Kosmologie mit den Schöpfungs-Mythen geht, aber nicht um eine präzise Analogie.

Aber als Ergänzung zu den bereits betrachteten Punkten ist diese Übereinstimmung doch recht erfreulich.

IV 6. Dynamik: Raum und Zeit

Raum und Zeit sind die Grundlage der gesamten Physik und sie sind auch in den magisch-religösen Weltbildern ein wichtiges Element.

Insbesondere die Frage nach dem Wesen der Zeit ist in beiden Weltbildern von großer Bedeutung. Sie erscheint in der Physik als Raumzeit und in der Magie und Mythologie u.a. als Traumzeit.

IV 6. a) Physik: Das Fundament

Die Raumzeit ist das Fundament der Physik:

- Menschen bestehen aus Organen.
- Organe bestehen aus Zellen.
- Zellen (d.h. alle Lebewesen) bestehen aus Molekülen.
- Moleküle (d.h. alle Dinge) bestehen aus Atomen.
- Atome bestehen aus dem Atomkern und der Elektronenhülle.
- Atomkerne bestehen aus Protonen und Neutronen.
- Protonen und Neutronen bestehen aus jeweils drei Quarks.
- Quarks und Elektronen (und Neutrinos) sind „kondensierte Energie".
- „Kondensierte Energie" sind Engergiequanten.
- Energiequanten sind Krümmungen („Berge" und „Täler") der Raumzeit.
- Alles ist Raumzeit und ihre Krümmungen.

Die Raumzeit ist das eigentlich Reale, also das, was wirklich existiert. Alle großen Formen vom Atom bis hin zu einem Menschen oder einer Sonne bauen sich aus den Krümmungen der Raumzeit auf.

IV 6. b) Physik: Die Zeit

Was ist die Zeit? Sie ist zunächst einmal eine physikalische Größe, die man messen kann. Sie beschreibt die Folge von Ereignissen, d.h. die Geschwindigkeit des Ereignisses oder die Veränderung dieser Geschwindigkeit (Beschleunigung). Es ist schwierig, die Zeit ohne Begriffe der Zeit wie „Geschwindigkeit" und „Beschleunigung" zu beschreiben …

Wie ist das Verhältnis der Zeit zum Raum? Der Raum ist da, aber er verändert sich, da in ihm ständig etwas geschieht. Man kann zwar den Raum als Leere auffassen, in der etwas geschieht, aber da alle Dinge letztendlich Krümmungen der Raumzeit sind, ist es eigentlich nicht sinnvoll, den Raum von dem, was in ihm geschieht, zu trennen. Der Raum ist also das, was sich ständig verändert.

Durch diese Veränderungen wird die Zeit sichtbar: Ein Augenblick ist mit sich selber identisch, unverändert, immer derselbe. Die Folge von Augenblicken, in denen die Welt in ständig neuen Zuständen ist, zeigt, daß es die Zeit gibt.

Man kann immer nur an einer Stelle der Zeit sein: Bedeutet das, daß man immer nur den Augenblicks-Punkt der Zeit sieht, die als Ganzes existiert? Oder bedeutet das, daß nur der Augenblick real ist?

Wenn nur der Augenblick real ist und existiert, dann ist der Raum das Reale und die Zeit ist nur eine Beschreibung seiner Veränderungen. Wenn die Zeit als Ganzes real ist, dann ist der Raum eine Augenblicksaufnahme der Zeit.

Die Tatsache, daß Raum und Zeit untrennbar als die vier Dimensionen unserer Welt miteinander verbunden sind, läßt vermuten, daß die Ausdehnung der Zeit in die Vergangenheit und in die Zukunft genauso real sind die die Ausdehnung des Raumes. Dies ist jedoch ein Bereich der Physik, der noch weitgehend unerforscht ist.

Wenn die Vermutung zutreffen sollte, daß die Zeit sozusagen ewig und als Ganzes real ist, würde das zwar weiterhin bedeuten, daß das normale Wachbewußtsein auf die Gegenwart eingeschränkt ist und nur die Gegenwart wahrnimmt – aber das würde nicht automatisch auch für die anderen Bewußtseinszustände zutreffen.

Da die Ekstase einsgerichtet ist, wird sie vermutlich auch nur den Augenblick wahrnehmen. Der Tiefschlaf ist still und leer und kommt daher auch nicht für eine Ausdehnung des Bewußtseins in Vergangenheit und Zukunft in Frage. Es bleibt also nur das Unterbewußtsein übrig, das durch die Möglichkeit zu Traumreisen, durch die Kopplung an das kollektive Unterbewußtsein und durch die Fähigkeit zur Erinnerung ein vielversprechender Kandidat für „Bewußtseins-Zeitreisen" ist.

IV 6. c) Physik: Die Lichtgeschwindigkeit

Da die Raumzeit das Fundament aller physikalischen Phänomene ist, ist es nicht verwunderlich, daß die Kombination von Raum und Zeit, also die Geschwindigkeit, ein zentrales Element der Physik ist. Die Geschwindigkeit ist die Entfernung, die sich eine Masse in einer bestimmten Zeit gleichmäßig weiterbewegt – das wird dann z.B. in „Meter pro Sekunde" oder in „Kilometer pro Stunde" angegeben.

Seit Einstein ist bekannt, daß die Lichtgeschwindigkeit die Grenze für die Geschwindigkeit von Massen und Energien in unserer Welt ist.

Doch die Lichtgeschwindigkeit ist auch die zentrale Verwandlungsgröße:

- Energie kann zu Masse „kondensieren", wobei die Energie dabei um „c^2" schrumpft. Dies wird mit der berühmten Formel „$E=m \cdot c^2$" beschrieben. Das „Kondensieren" von Energie zu Masse würde dann wie folgt aussehen: „$E:c^2=m$". Die Verwandlung von Masse in Energie (wie z.B. bei einer Atombomben-Explosion) sieht folgendermaßen aus: „$m \cdot c^2=E$"

Reine Energie wie z.B. Licht hat keine feste Form: Zwei Lichtstrahlen können sich kreuzen ohne einander zu beeinflussen – Licht stößt nicht an Licht. Licht kann sich daher völlig frei bewegen, solange es nur anderem Licht begegnet (was einem Lichtstrahl im Weltall auch viele Jahrmillionen lang geschehen kann).

Ein Lichtquant (Photon) hat keine feste Hülle. Aus genügend vielen Photonen kann jedoch durch die „Kondensierung" von Energie zu Masse z.B. ein Elektron entstehen, das eine feste Hülle hat. Das „c^2" verwandelt sich dabei offenbar in die feste Hülle des Elektrons (oder eines anderen Teilchens mit Masse).

- Denselben Vorgang gibt es noch einmal: Wenn sich Masse in die Substanz eines schwarzen Loches verwandelt, „kondensiert" die Masse mithilfe des Faktors „c^2". Wenn sich Energie in die Substanz eines Schwarzen Loches verwandelt, würde dies mit dem Faktor „$c^2 \cdot c^2=c^4$" geschehen. Dieses „c^4" ist daher auch der zentrale Faktor bei der mathematisch-physikalischen Beschreibung eines Schwarzen Loches.

Das „c^2" ist der Umwandlungsfaktor von Energie in Masse und von Masse in die Substanz eines Schwarzen Loches. In beiden Fällen geht dabei ein Teil der Beweglichkeit der Ausgangssubstanz verloren und es entsteht eine Hülle um die neue Substanz. (Das Schwarze Loch ist „schwarz", weil nicht einmal Licht durch seine „Hülle" nach außen gelangen kann.)

Warum ist dieser Verwandlungs-Faktor eine Geschwindigkeit? Das kann nur bedeuten, daß die Raumzeit das ist, in dem bei dieser Verwandlung etwas „kondensiert". Das, was bei diesen Verwandlungen geschieht, muß etwas sein, was den Krümmungen der Raumzeit eine neue Qualität gibt.

IV 6. d)   Magie: Astrologie

Im Gegensatz zur Physik ist die Zeit in der Magie schon sehr gründlich erforscht worden – natürlich auf eine ganz andere Weise.

Wie alle magischen Phänomene sind auch die hier beschriebenen „magischen Zeit-Phänomene" nur dann ein relevanter Bestandteil des eigenen Weltbildes, wenn man sie schon selber erlebt hat. Etwas, was man nicht selber kennt, kann man nicht als Teil des Fundamentes des eigenen Weltbildes benutzen.

„Traumzeit" ist ein Begriff, der die direkte innere Wahrnehmung beschreibt, also Traumreisen, Telepathie, das Vorhersehen der Zukunft u.ä.

Mithilfe der Astrologie kann man nicht nur den Charakter eines Menschen beschreiben, sondern auch den Verlauf des Lebens eines Menschen vorhersagen und ebenso die zukünftigen Ereignisse, die die ganze Allgemeinheit betreffen. Aus der Sicht der Astrologie liegt die Qualität der Zukunft also bereits in der Gegenwart fest.

Auch der Umstand, daß man schon heute das Horoskop eines Menschen präzise beschreiben kann, der erst in der Zukunft z.B. am 20. 8. 2037 um 17.14Uhr in Berlin geboren werden wird, zeigt, daß die zukünftigen Zeitqualitäten bereits festliegen.

Schließlich ist es auch noch so, daß ein Neugeborener auch nicht erst im Augenblick seiner Geburt seinen „astrologischen Charakter" erhält – schließlich entwickelt er sich schon während der neun Monate der Schwangerschaft auf das hin, als was er dann bei der Geburt in Erscheinung tritt. Der Geburtszeitpunkt prägt nicht den Menschen – das Horoskop zum Geburtstermin ermöglicht lediglich, die Qualität des betreffenden Menschen astrologisch zu berechnen.

Man kann aus diesen drei Beobachtungen zwar nicht schließen, daß jedes zukünftige einzelne konkrete Ereignis bereits heute festliegt, aber man kann daraus schließen, daß die zukünftigen Zeitqualitäten, die astrologisch erkannt und beschrieben werden können, bereits heute festliegen.

Diese Qualitäten befinden sich auf dem Übergang zwischen Bewußtsein und Materie, die oft als „Lebenskraft-Bereich" und „Magie-Bereich" umschrieben wird.

IV 6. e)   Magie: Das Vorhersehen der Zukunft

Wenn man Menschen nach Wahrträumen fragt, wird man feststellen, daß erstaunlich viele Menschen schon einmal etwas geträumt haben, was dann am nächsten Tag auch geschehen ist.

Die Benutzung des Tarots oder des I Gings, um die Zukunft vorherzusagen, ist recht beliebt. Auch dabei erhält man zunächst wie bei der Astrologie Qualitäten als

Antwort.

Man kann jedoch jedes Orakel einschließlich der Astrologie dazu benutzen, um von der Qualität, die man dabei findet, durch „inneres Lauschen", durch eine Traumreise oder ähnliches intuitiv zu Vorhersagen zu gelangen, die genauso konkret sind wie die anfangs erwähnten Wahrträume.

Mit etwas Übung ist es möglich, auch ohne jedes Hilfsmittel die Zukunft wahrzunehmen. Das fühlt sich an wie Erinnern – nur eben in die „andere Richtung".

Daraus läßt sich schließen, daß auch ganz konkrete zukünftige Ereignisse bereits heute festliegen – was natürlich sofort die Frage nach der persönlichen Freiheit nach sich zieht …

Ein zunächst einmal schwieriges Thema ist die Frage, ob man durch das innere Bild die Zukunft vorhergesehen hat oder ob man die Zukunft durch das innere Bild geprägt und hervorgerufen hat.

Man kann im Grund nur sagen, daß das Bild, das man in der Gegenwart innerlich sieht, einen Zusammenhang mit dem zukünftigen Ereignis hat. Wenn man jedoch das Vorhersehen nicht von dem magischen Bewirken unterscheiden kann, sollte beides dasselbe sein. Das bedeutet, daß man nur sagen kann, daß das eigene Bewußtsein in einem Zusammenhang mit den zukünftigen Ereignissen steht – ob verursachend oder wahrnehmend, läßt sich dabei nicht unterscheiden.

Diese Unterscheidung ist auch etwas, was vor allem vom physikalischen Standpunkt her einen Sinn macht, da die Physik Entwicklungen entlang des Zeitstrahls betrachtet – da macht es einen Unterschied, ob man etwas vorhersieht oder ob man etwas bewirkt.

In der Magie wird jedoch der Zusammenhang zwischen Qualitäten betrachtet – und das innere Bild in der Gegenwart hat einen qualitativen Zusammenhang mit dem Ereignis in der Zukunft, da beides in Analogie zueinander steht. Hier ist nur die Analogie wichtig und nicht die Frage „Wahrnehmung oder Verursachung?".

Auch bei der Betrachtung der Zeit zeigt sich somit, daß die Physik Quantitäten betrachtet und daß die Magie Qualitäten betrachtet.

IV 6. f)   Magie: Das Gespräch mit der eigenen Seele

Es gibt die Möglichkeit, mithilfe einer Traumreise zu der eigenen Seele zu reisen und sich sein gesamtes zukünftiges Leben anzusehen. Das ist natürlich eine Information, die man sich nicht leichtherzig holen sollte, da dieses Wissen das gesamte Leben verändert: Man hat danach nicht mehr die Freiheit zu wählen, was man tut (der Blickwinkel der Psyche), sondern nur noch die Freiheit zu wählen, wie man es

131

erleben will (der Blickwinkel der Seele). Die Psyche sucht nach Glück, die Seele sucht nach Intensität ...

Dieses Wissen, das man von der eigenen Seele erhalten kann, ist in Bezug auf das Festliegen der Zukunft ein sehr überzeugendes Erlebnis.

IV 6. g) Magie: Homöopathie

Homöopathische Mittel wirken nicht entsprechend den chemischen Bestandteilen der Substanz, aus der sie hergestellt werden, sondern entsprechend der Geschichte dieser Substanz.

So hilft z.B. der Bärlapp bei einer bestimmten Art von „leiser Depression". Ein typischer Bärlapp-Patient ist der einsame, alternde Notar, der sich und das Recht aufrecht erhält, aber der das Gefühl hat, daß er sich bereits im Film-Abspann seines Lebens befindet ...

Dies liegt daran, daß während des Carbon-Zeitalters der größte Teil der Pflanzen auf der Erde Bärlapp-Gewächse gewesen sind – damals ist der Bärlapp der „König der Wälder" gewesen. Aus den Baumstämmen dieser Wälder sind die Steinkohle, die Braunkohle, das Erdöl und das Erdgas entstanden. Der Bärlapp lebt heute aber nur noch als kleines Kraut am Waldrand auf den „Massengräbern" seiner Ahnen – seine große Zeit ist vorüber ...

Für diesen Zusammenhang zwischen der Geschichte eines Mittels und der homöopathischen Wirkung dieses Mittels gibt es viele Beispiele.

Unter anderem zeigt dieses Beispiel, daß der Bärlapp ein Gedächtnis hat – sonst könnte seine Wirkung nicht seiner Geschichte entsprechen.

Der „grüne Daumen" und viele Pflanzen-Experimente zeigen, daß Pflanzen auch auf Gedanken reagieren. Daher müssen auch Pflanzen ein Bewußtsein haben – da sich aus Wahrnehmung (Gedanken spüren) und Erinnerung zwangsläufig ein Bewußtsein bildet.

Die Homöopathie zeigt, daß es bei Tieren, Pflanzen und Mineralien (aus denen die homöopathischen Mittel hergestellt werden) ein „nichtmaterielles Gedächtnis" gibt, das Millionen von Jahren zurückreicht. Daraus kann man mit großer Wahrscheinlichkeit zwei Dinge schlußfolgern:

1. Auch die Menschen haben als Kollektiv ein solches nichtmaterielles Gedächtnis: das kollektive Unterbewußtsein.

132

2. Es recht wahrscheinlich, daß diese „nichtmaterielle Überbrückung von der Gegenwart zur Vergangenheit hin" auch als „Überbrückung von der Gegenwart zur Zukunft hin" funktionieren kann.

Damit wäre noch einmal gezeigt, daß die Zeit aus Magie-Sicht gleichzeitig aus Vergangenheit, Gegenwart und Zukunft besteht, und daß das Wachbewußtsein, das in der Gegenwart verankert ist, sich auf die Vergangenheit und vermutlich auch auf die Zukunft hin ausdehnen kann.

Die Zeit erscheint aus magischer Sicht als ein Kontinuum, in dem alle Augenblicke gleichzeitig existieren und in dem das Bewußtsein zu allen Zeitpunkten reisen kann.

IV 6. h) Magie: Reinkarnation

Die Erinnerungen an frühere Leben, die man dann, wenn sie detailreich genug sind, anschließend auf ihre Korrektheit hin überprüfen kann, ist letztlich nichts anderes als das „nichtmaterielle Gedächtnis", das durch die Wirkung einiger homöopathischer Mittel offensichtlich wird.

Man kann zwar nicht sicher sagen, ob man sich reinkarniert hat, also ob die eigene Seele in diesem und in einem früheren Leben „auf der Erde gewesen ist". Aber man kann immerhin sagen, daß es möglich ist, von heute aus das Leben eines früheren Menschen zu erfassen – dafür gibt es reichlich Beispiele.

Die Möglichkeit, von der eigenen Seele zu erfahren, wie der Rest des eigenen Lebens verlaufen wird, ist dieser Erinnerung sehr ähnlich.

Aus der gewohnten physikalischen Sicht stellt man naheliegenderweise die Frage, ob man wirklich dieser „Mensch vor 200 Jahren" gewesen ist oder ob man sich nur telepathisch die Informationen über dessen Leben beschaffen kann. Diese Unterscheidung ist jedoch nur dann interessant, wenn man die Welt als Verlauf von Ereignissen entlang des Zeitstrahls betrachtet.

Aus der magischen Sicht würde man nur fragen, ob eine Analogie zwischen dem Bewußtsein heute und dem Bewußtsein des „Menschen vor 200 Jahren" besteht. Wenn man sich an das Leben des damaligen Menschen erinnern kann, besteht offensichtlich ein Zusammenhang.

Wenn man zudem sehen kann, daß das eigene Leben heute und das Leben des Menschen damals eine qualitative Übereinstimmung haben, ist man noch einen Schritt weiter gelangt: Das eigenen Leben heute und das Leben des Menschen damals sind Analogien zueinander.

Worin sieht man die eigene Identität in seinem derzeitigen Leben? Das entscheidet

133

über die Deutung der Reinkarnation:

- Wenn man die eigene Identität in der eigenen Psyche sieht, ist die Identität auf das derzeitige Leben begrenzt, da man ein entsprechendes Leben nicht schon einmal geführt haben kann – dazu sind die Horoskope und die historischen Umstände zu verschieden.

- Wenn man die eigene Identität in der eigenen Seele sieht, kann man schauen, welche Seele der damalige Mensch gehabt hat – ist es dieselbe Seele wie die, die man heute hat? Wenn das zutrifft, ist es sinnvoll, von dem damaligen Menschen als von einer eigenen früheren Inkarnation zu sprechen. Wenn das nicht zutrifft, dann sollte man von einer telepathischen Erinnerung an das Leben eines anderen Menschen sprechen – wobei es dann interessant wäre zu fragen, warum man sich an das Leben gerade dieses Menschen erinnern kann.

IV 6. i) Magie: Gott und Götter

In fast allen Mythen leben die Götter und Göttinnen ewig – und der eine Gott ist geradezu zeitlos.

Auf dem Lebensbaum entspricht der eine Gott Kether, der anfänglichen Einheit – in Bezug auf die Superstringtheorie ist Kether die Zeit selber. Gott im Sinne der ursprünglichen Einheit der Welt, also des Einen-Alles-Einzigen ist ewig und unwandelbar.

Die Götter und Göttinnen entsprechen auf dem Lebensbaum hingegen dem ersten Dreieck unterhalb von Kether. Die drei Bereiche dieses Dreiecks werden mit den hebräischen Namen „Chokmah", „Binah" und „Da'ath" bezeichnet. Diese Gottheiten entsprechen den drei Raumdimensionen. Sie haben eine Geschichte, verschiedene Eigenschaften, Beziehungen untereinander usw.

Zumindestens in diesem Zusammenhang ist es deutlich, daß die Zeit der Ursprung der Schöpfung ist und daß der Raum ein Teil der Schöpfung ist.

134

IV 6. j) Vergleich

In der Physik erscheint die Raumzeit als das Fundament der Welt. Es ist zumindestens denkbar, daß die Zeit ewig ist und wir im jeweiligen Augenblick mit unserem Wachbewußtsein immer nur einen einzelnen Punkt in der Zeit erleben – aber das es nicht prinzipiell unmöglich sein muß, andere Zeitpunkte direkt wahrzunehmen als die Gegenwart.

In der Magie sind solche Bewußtseins-Zeitreisen durchaus üblich, wie die vielen Wahrträume, die Orakel, die Zeit-Traumreisen, die Homöopathie, die Reinkarnations-Erinnerungen usw. deutlich machen.

Die Astrologie zeigt zudem sehr anschaulich, daß zumindestens die Qualitäten der Zeit schon lange vor ihrem Eintreten als konkretes Ereignis in sehr differenzierter Weise qualitätiv festliegen.

Die Möglichkeit des Vorhersehens der Zukunft macht jedoch deutlich, daß auch die ganz konkreten zukünftigen Ereignisse und nicht nur die Qualität dieser zukünftigen Ereignisse bereits jetzt festliegen.

Auch bei der Betrachtung der Zeit zeigt sich, daß die Physik stets Quantitäten und die Magie stets Qualitäten untersucht:

Auch physikalische Zeit-Phänomene lassen sich am besten mithilfe von Quantitäten wie z.B. der Lichtgeschwindigkeit beschreiben.

Hingegen lassen sich magische Zeit-Phänomene am besten mithilfe von Qualitäten wie der Analogie zwischen dem Wachbewußtsein eines heutigen Menschen und seiner Erinnerung an das Leben eines vor langer Zeit gestorbenen Menschen beschreiben.

135

IV 7. Bemerkenswerte physikalische Phänomene

Es gibt noch eine Reihe physikalischer Phänomene, die zwar keine direkte magische Entsprechung oder Bewußtseins-Entsprechung haben, aber trotzdem für das Thema dieses Buches interessant sind, da sie einzelne Aspekte der Zusammenhänge zwischen Bewußtsein und Materie bzw. zwischen Physik und Magie deutlicher werden lassen.

IV 7. a) Welle/Teilchen-Dualität

Dieses Prinzip besagt, daß sich alle physikalischen Teilchen sowohl wie ein festes Teilchen als auch wie eine Welle verhalten können. Das zeigt anschaulich die Richtigkeit der berühmten Formel „E=m·c²“, denn „E“ (Energie) ist eine abgrenzungslose Welle und „m“ (Masse) ist ein festes Teilchen.

Die Teilchen verhalten sich wie eine Welle, wenn sie sich frei bewegen können, aber wie ein Teilchen, wenn sie mit anderen Teilchen zusammenstoßen.

IV 7. b) Zerfalls-Wahrscheinlichkeiten

Der direkte Nachweis von akausalen Vorgängen innerhalb der Physik ist ein wichtiges Element für die Formulierung eines vereinheitlichten Weltbildes, da die Magie und die Mythologie eben auf solchen akausalen Vorgängen beruhen.

Die historisch gesehen erste größere Entdeckung eines akausalen physikalischen Vorgangs war der Zerfall der Elementarteilchen, der keiner festgelegten kausalen Regel folgt, sondern lediglich eine bestimmte festgelegte Zufallsverteilung aufweist.

Einstein hat diese rein statistische Regel, durch die nicht für den Einzelfall vorhergesagt werden kann, wie ein Teilchen zerfallen wird, stets in Zweifel gezogen („Gott würfelt nicht.“), weil er es für undenkbar hielt, daß es Vorgänge gibt, die nicht kausal festgelegt sind.

Bei dem Zerfall von Teilchen treten bestimmte Verhältnisse zwischen den möglichen Arten des Zerfalls auf. Manche Teilchen zerfallen immer auf dieselbe Weise, andere zur Hälfte so und zur Hälfte anderes, bei wieder anderen gibt es drei Möglichkeiten, von denen die eine in der Hälfte der Fälle und die beiden anderen in je einem Viertel der Fälle auftritt usw.

Wenn man sich diese Zerfallswahrscheinlichkeiten anschaut, stellt man fest, daß die

Anteile, die die verschiedenen Zerfallsarten haben, nicht völlig willkürliche %-Angaben sind wie 29%, 87% oder 14%, sondern daß es Anteile sind, die mit den „Tierkreis-Winkeln" verwandt sind:

Zerfallswahrscheinlichkeiten			
Anteil	*Bruch*	*Winkel*	*astrologischer Aspekt*
$\approx 100\%$	1	$360° = 0°$	Konjunktion
$\approx 50\%$	1/2	$180°$	Opposition
$\approx 33\%$	1/3	$120°$	Trigon
$\approx 67\%$	2/3	$240° = 2 \cdot 120°$	
$\approx 25\%$	1/4	$90°$	Quadrat
$\approx 75\%$	3/4	$270° = 3 \cdot 90°$	
$\approx 17\%$	1/6	$60°$	Sextil
$\approx 8\%$	1/12	$30°$	Halbsextil

Lediglich der Anteil von 42%, der dem Bruch 5/12 und dem Winkel von 150° und somit dem Quincunx entspricht, scheint eher selten vorzukommen.

Man kann natürlich sagen, daß es eben die einfachen Brüche sind, die sich bei den Zerfallsanteilen finden, aber die Übereinstimmung mit den astrologischen Aspekten ist dennoch vorhanden – und es fehlen auch die einfachen Brüche „1/5", „2/5", „3/5", „4/5", „1/7", „2/7", 3/7" usw., die man dann auch erwarten sollte.

Man kann diese Übereinstimmung vermutlich am ehesten als einen „unterstützenden Befund" für das in diesem Buch entworfene Weltbild werten, in dem die Winkel, die den astrologischen Aspekten entsprechen, eine große Rolle spielen.

IV 7. c) Heisenberg'sche Unschärfe-Relation

Die Heisenberg'sche Unschärferelation zeigt, das die Dinge dieser Welt ab einer Grenze weit unterhalb der Größe von Elektronen nicht mehr genau definiert sind. Man kann bestimmte Größen nicht mehr gleichzeitig messen. Das liegt daran, daß die Elementarteilchen eben keine festen Kugeln sind, sondern zugleich Teilchen und Wellen.

Die Teilchen sind letztlich „Berge" in der Raumzeit … und von einem Berg läßt sich zwar genau sagen, wo sein Gipfel ist, aber nicht, wo er unten genau anfängt – der Fuß des Berges geht allmählich in die Ebene über, auf der er steht.

Die Unschärfe-Relation hat dieselbe Ursache wie der Welle/Teilchen-Dualismus: Die Elementarteilchen haben keine scharfen Grenzen, weil sie „Berge" in der Raumzeit sind.

IV 7. d)   virtuelle Teilchen

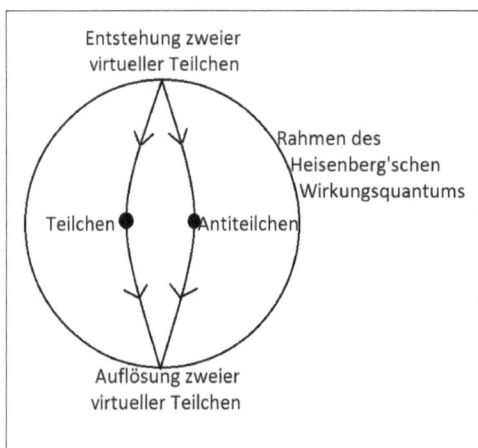

In dem Bereich der Größe von Elementarteilchen und in noch kleineren Größenbereichen treten sehr viele Zufallsvorgänge auf („virtuelle Teilchen"), die sich lediglich innerhalb eines bestimmten Rahmens (Masse, Lebensdauer u.ä.) halten müssen, aber ansonsten tun können, was sie wollen.

Innerhalb eines bestimmten Rahmens ist es möglich, daß ein Teilchen und sein Antiteilchen, also z.B. ein Elektron und ein Positron entstehen, einen Augenblick lang existieren und sich dann wieder vereinen und auflösen.

Man kann diesen Vorgang auch mathematisch darstellen: „0 = [(+1) + (−1)] = 0". Wenn man diese Gleichung als zeitliche Entwicklung darstellt, sieht das folgendermaßen aus: „0 → [(+1) + (−1)] → 0".

Im Bereich großer Dinge sieht man nichts von dieser Möglichkeit – im Bereich sehr kleiner Dinge können jedoch völlig willkürlich und ohne Ursache diese virtuellen Teilchen zusammen mit ihrem Gegenstück entstehen. Sie müssen lediglich eine begrenzte Lebensdauer beachten, die umso kleiner ist, je größer die beiden virtuellen Teilchen sind, und die Erhaltungssätze, also die gegensätzliche Ladung „[(+1) + (−1)]" einhalten.

Die Kausalität ist zwar im Bereich großer Dinge sozusagen „glatt" und eindeutig, aber im Bereich sehr kleiner Dinge „rauh" und innerhalb einer festgelegten Grenze völlig willkürlich.

Man kann sich diese virtuellen Teilchen auf eine einfache Weise vorstellen: Wenn man einen „Berg" in der Raumzeit (=Teilchen) betrachtet und immer näher an diesen „Berg" herangeht, sieht man schließlich, daß das, was aus der Ferne wie die glatte

138

Oberfläche eines Berges ausgesehen hat, in Wirklichkeit völlig zerklüftete Hänge und Gipfel sind. Das ändert nichts daran, daß der Berg als Ganzes „glatt" ist – lediglich bei der Betrachtung aus der Nähe werden die viele Felsen und Felsspalten sichtbar, die der Unruhe der virtuellen Teilchen entsprechen.

Somit bestätigen die virtuellen Teilchen lediglich wieder, daß die Raumzeit die Grundlage unserer Welt ist. Und diese Raumzeit sieht zwar aus der Ferne betrachtet „glatt" aus, aber aus der Nähe gesehen ist sie doch recht uneben, was als „virtuelle Teilchen" sichtbar wird.

Unterhalb der Planck-Größe löst sich schließlich jegliche Form auf und man gelangt in einen strukturlosen und vollkommen freien Bereich dieser Welt. Dort gibt es so viele virtuelle Teilchen, daß man die „realen Teilchen" kaum noch sehen kann.

Wenn man in dem Berg-Bild bleibt, hat man nun den Berg erreicht und gräbt mit seinen Händen in dem Sand in einer Kuhle dieses Berges und sieht den Berg als Ganzes nicht mehr.

Der Sub-Planck-Bereich, der auch recht bildhaft „Quantenschaum" genannt wird (Quanten = Teilchen), wird nicht mehr durch die Kausalität strukturiert, aber durchaus noch durch die Erhaltungssätze und möglicherweise auch durch Wahrscheinlichkeiten.

Diese Freiheit der virtuellen Teilchen ist ein wesentliches Element der meisten magisch-mythologischen Weltbilder.

Man kann allerdings aus der Freiheit dieser virtuellen Teilchen nicht schließen, daß auch die großen Dinge wie z.B. ein Mensch frei ist. Diese Freiheit existiert zunächst einmal nur im Bereich sehr kleiner Größen.

IV 7. e) Quantenverschränkung

Die Quantenverschränkung ist nicht nur eine Struktur, die mit den magisch-mythologischen Weltbildern übereinstimmt, sondern ein physikalischer Vorgang, der auch genau dem Vorgehen in der Magie entspricht: Zwei Dinge werden miteinander verbunden (in physikalischen Begriffen also „verschränkt", in magischen Begriffen hingegen „verzaubert") und verhalten sich dann anschließend analog zueinander:

- Bei der Quantenverschränkung verhält sich der Quant A genauso wie der Quant B, der mit Quant A gekoppelt worden ist (z.B. zwei Teile eines Laserstrahls).

139

- Bei dem Woodoo-Püppchen-Zauber erleidet ein Mensch genau das, was man dem Püppchen zufügt, das ihn verkörpert.

IV 7. f) Antiteilchen

Antiteilchen sind Teilchen, die wie ein „normales" Teilchen sind, aber entgegengesetzte Eigenschaften haben. So gleicht z.B. das Positron einem Elektron, nur daß es eine positive und keine negative elektrische Ladung hat. Bei einem Antiteilchen bleiben die Masse, die Lebensdauer und der Spin (in etwa die Eigendrehung) gleich – es ändern sich lediglich die Ladungen der elektromagnetischen Kraft und der Farbkraft.

Es gibt zu allen Teilchen auch ihr Antiteilchen – in manchen Fällen ist jedoch das Antiteilchen mit dem Teilchen selber identisch, wenn das Teilchen keine Eigenschaften (Ladungen) hat, die in ihr Gegenteil verkehrt werden können.

In der Physik werden die Antiteilchen auch als normale Elementarteilchen aufgefaßt, die „unnormalerweise" entgegen der normalen Zeitrichtung fliegen. Das läßt ahnen, das auch das Vorhersehen der Zukunft, wie es aus der Magie bekannt ist, in dem vereinheitlichten Weltbild ganz normal sein und mit den Antiteilchen zusammenhängen könnte.

Diese Deutung der Antiteilchen ist jedoch noch unerforscht.

IV 7. g) akausale Zusammenhänge

Es gibt in manchen Bereichen der Physik Ereignisse, die genau gleichzeitig geschehen, obwohl sie keinerlei direkten Zusammenhang zueinander haben. Aus der Sicht der Magie würde man hier natürlich eine Analogie vermuten, die zu dieser Gleichzeitigkeit führt.

Der markanteste Fall ist das gleichzeitige Eintreten des Endes des thermischen Gleichgewichtes und das Entstehen der ersten Elektronenhüllen 700 Jahre nach dem Urknall. Der Begriff „thermisches Gleichgewicht" besagt, daß während der ersten 700 Jahre unser Weltall überall gleich dicht, gleich heiß und gleich hell gewesen ist.

Auf dem kabbalistischen Lebensbaum gehören diese Vorgänge jedoch beide zu dem „Graben" genannten Übergang und sind daher analoge Vorgänge – die sich daher gleichzeitig ereignet haben.[11]

---

11 Eine ausführlichere Beschreibung findet sich in meinem Buch „Blüten des Lebensbaumes – Band I".

IV 7. h) Eleganz

Die grundlegende Qualität in den magisch-mythologischen Weltbildern ist die Richtigkeit: Alle Dinge sind an ihrem richtigen Ort und verhalten sich dort auf die richtige Weise, wodurch Einfachheit, Schlichtheit, Symmetrie, Rhythmus, Ordnung, Effektivität und Schönheit entstehen.

Diese Richtigkeit ist auch die Grundqualität jeder komplexen Struktur, da in ihr die Dinge nicht willkürlich, sondern in einem sinnvollen Muster angeordnet sind.

Mittlerweile ist diese Qualität auch Mathematikern und Physikern unter dem Namen „Eleganz" geläufig geworden. Eine alte Richtlinie unter allen Forschern lautet: „Die einfachste Möglichkeit ist auch die wahrscheinlichste."

Durch den Physiker Brian Green ist der Begriff „Eleganz" für die Beobachtung populär geworden, daß das mathematische Modell, das am einfachsten und am symmetrischsten ist, die größte Chance hat, auch das zutreffende Modell für die Beschreibung eines physikalischen Zusammenhanges zu sein.

IV 7. i) Selbstähnlichkeit

Ein spezieller Aspekt der Eleganz ist die Selbstähnlichkeit: In jedem System lassen sich in den Details dieselben Formen wiederfinden wie in der Gesamterscheinung.

Am bekanntesten ist diese Selbstähnlichkeit naturgemäß beim Menschen selber: Ob man nun seine Handlinien „liest", die Iris-Diagnose benutzt, die Fußreflexzonen prüft, die Puls-Diagnose verwendet oder sonst einen Körperteil genauer untersucht, wird man stets auf dieselbe Beschreibung des Menschen kommen – wenn man sich mit dem betrachteten Körperteil sehr lange Zeit und bei vielen verschiedenen Menschen beschäftigt hat und daher sachkundig geworden ist.

Die bekannteste nicht-menschliche Selbstähnlichkeit ist vermutlich ein Phänomen, das bei den Fraktalen auftritt. Dies sind komplexe mathematische Gebilde, die sich graphisch darstellen lassen. Wenn man eine bestimmte Fraktal-Form wie z.B. die nach dem Mathematiker Mandelbrot benannte „Herzform" mehr als eine Milliarde mal vergrößert, gelangt man schließlich über sehr viele andere Zwischenformen wieder zu der „Herzform", die als Detail durch die Vergrößerung sichtbar wird.

Ein einfacheres Beispiel ist die Beobachtung, daß bei vielen Bäumen die Form der Gesamtpflanze mit der Form eines einzelnen Blattes übereinstimmt.

Das umfassendste Beispiel ist die Verteilung der Galaxien im Weltall, die wie Schaum aussieht: Das Wasser der vielen Blasen des Schaums entspricht den Galaxien; die Luft der Blasen entspricht der Leere zwischen den Galaxien. Diese schaumartige Verteilung der Galaxien im Weltall entspricht wiederum der Quantenschaum-

Struktur beim Urknall …

Diese Selbstähnlichkeit von Systemen ist ein deutlicher Hinweis darauf, daß bei der Entwicklung eines Systems aus seiner „Eizelle" heraus auch Strukturen die Gestaltung mitbestimmen, sodaß alle Teile des Ganzen am Ende dieselbe Form und denselben Charakter haben.

Derselbe Zusammenhang ergibt sich auch aus der Astrologie, da das Geburtshoroskop eines Menschen nicht nur dessen Lebensstil, sondern auch dessen Körper und jedes einzelne Körperteil beschreibt. Das Horoskop ist sozusagen der individuelle Plan für die Ausformung der Selbstähnlichkeiten der betreffenden Person.

IV 8. Bemerkenswerte magische Phänomene

In der Magie gibt es „normale" Phänomene wie Telepathie und Telekinese, die man mithilfe von Analogien beschreiben kann.

Phänomene wie Reinkarnations-Erinnerungen und das Vorhersehen der Zukunft erfordern, daß man die Analogien nicht nur räumlich, sondern auch zeitlich auffaßt: Während die Telepathie etwas in der Gegenwart sieht und die Telekinese etwas in der Gegenwart bewegt, ist die Verbindung des Bewußtseins mit etwas in der Vergangenheit oder in der Zukunft eine zeitliche Analogie, die über die Gegenwart hinausgeht.

IV 8. a) Astralreise

Bei einer Astralreise verläßt man mit seinem Bewußtsein und mit seiner Wahrnehmungsfähigkeit den eigenen physischen Körper und kehrt nach einer Weile wieder in ihn zurück.

Hier verbindet sich das Bewußtsein als Ganzes mit einem anderen Ort als mit dem, an dem sich gerade der physische Körper befindet.

IV 8. b) „Verstöße gegen die Kausalität"

Bei Materialisierungen, Feuerläufen, Levitation (Schweben) und Verwandlungen von Dingen wie z.B. bei Geistheilungen zeigt sich, daß das Bewußtsein so viel Einfluß auf den Verlauf der Ereignisse nehmen kann, daß physikalische Regeln außer Kraft gesetzt werden.

Dadurch wird deutlich, daß die physikalischen „Gesetze" in Wirklichkeit nur eine physikalische „Trägheit" der Ereignisse sind, die durch eine entsprechend hohe Intensität des Bewußtseins auch ganz anders gelenkt werden können als es die physikalischen Gesetzen erwarten lassen.

- - -

Diese Überlegungen sind natürlich ziemlich abstrakt und nur sehr begrenzt glaubhaft, wenn man selber noch keine Feuerläufe, Spontanheilungen, Materialisierungen o.ä. erlebt hat.

Aber daran kann ein Buch nicht viel ändern – dafür sind Magie-Experimente notwendig …

V Die Formeln des vereinheitlichten Weltbildes

In den bisherigen Kapiteln sind die Unterschiede und die Übereinstimmungen des physikalischen Weltbildes und des magischen Weltbildes betrachtet worden. Dabei spielten drei Prinzipien die Hauptrolle:

1. *„Das Bewußtsein ist die Innenseite der Welt – die Materie ist die Außenseite der Welt. Beides sind zwei Seiten derselben Sache.“*

2. *„Die Welt ist kausal geordnet – und die Welt ist durch Analogien geordnet. Beides zusammen erschafft eine sich kalaidoskopartig entfaltende symmetrische Ordnung.“*

3. *„Die magischen Möglichkeiten und die durch die Astrologie beschrieben Prägungen und Zyklen auf der einen Seite und die von der Physik beschriebe Kausalität auf der anderen Seite lassen sich auf dieselben Grundprinzipien zurückführen.“*

Es wäre nun erstrebenswert, die Erkenntnisse aus den bisherigen Kapiteln in eine möglichst schlichte, allgemeingültige und leicht verständliche Form zu bringen.

V 1. „Innen = Außen"

Die Welt kann als Bewußtsein erlebt werden – die Welt kann als Materie erlebt werden.

Das Erlebnis der Welt als Bewußtsein ist innen – das Erlebnis der Welt als Materie ist außen.

Das Bewußtsein wird von der Magie, der Meditation, der Religion und der Psychologie beschrieben – die Materie wird von der Physik und den auf ihr aufbauenden Naturwissenschaften beschrieben.

Innen und Außen sind verschieden, aber sie hängen zusammen.

Beides kann aufeinander wirken – was vier Arten der Wirkung ergibt:

Materie → Materie: Ein Stein stößt gegen einen anderen und läßt ihn fortrollen.

Materie → Bewußtsein: Ein Ereignis im Außen wird wahrgenommen und wird zu einer Erinnerung.

Bewußtsein → Materie: Jemand spürt innen Hunger und greift daher außen nach einem Apfel.

Bewußtsein → Bewußtsein: Jemand findet per Telepathie den Schlüssel wieder, den ein anderer verloren hat. Jemand bewegt einen Gegenstand durch Telekinese.

Wenn man alle Elementarteilchen als eine Röhre auffaßt und auch alle Wechselwirkungen zwischen allen Dingen als (kleinere) Röhren ansieht, ergibt sich das Modell eines alles umfassenden Röhrensystems.

Das Erlebnis des Innen dieser Röhren ist das Bewußtsein – dieses Innen ist zu jedem Ort in dem Röhrensystem hin offen. Man kann mit seinem Bewußtsein sozusagen durch das Innere der Röhre überall hin gehen.

Das Erlebnis des Außen dieser Röhren ist die Materie – dieses Außen ist zu jedem anderen Ort dieses Röhrensystems hin abgegrenzt. Man stößt sozusagen überall gegen die Außenfläche anderer Stellen dieses Röhrensystems.

V 2.   Die Winkel

Jeder Winkel, der sich aus der Teilung des Kreises in Einheiten von 30° ergibt, hat eine bestimmte Qualität, die sich an vielen Orten wiederfindet. Diese Qualität ist überall, wo dieser Winkel auftritt, gleich.

V 2. a)   Der 0°-Winkel

Der Winkel von 0° ist der Ort, an dem etwas ist. Dieser Winkel verkörpert daher die Identität mit sich selber – astrologisch ist dies die Konjunktion, die zwei Dinge vereint.

Dieser Winkel muß einer Kraft entsprechen, die einpolar ist, also alle Dinge zusammenzieht – das ist die Gravitation.

Dieser Winkel findet sich als Kugelform – alles wird gleichmäßig zusammengezogen. Dies ist die runde Form der Sonnen, Planeten, Monde, Elektronenhüllen (s-Orbital), Atomkerne usw.

V 2. b)   Der 180°-Winkel

Der Winkel von 180° ist zweipolar – er ist wie eine Schaukel, wie eine Schwingung zwischen zwei Polen. Dies ist astrologisch die Opposition, die ein Schwingen zwischen zwei Polen bewirkt.

Als Kraft ist dies die elektromagnetische Kraft mit ihren beiden elektrischen Polen „+" und „–" sowie ihren beiden magnetischen Polen „Nord" und „Süd".

Man kann auch den Urknallimpuls und die Gravitation als ein Gegensatz-Ergänzungs-Paar ansehen. Die p-Orbitale der Elektronen haben die Form einer Opposition, d.h. in etwa die Form einer Hantel.

Diese Polarität ist vor allem als „Yin und Yang" bekannt. Dieser Gegensatz und die sich daraus ergebenden Dynamiken werden im I Ging beschrieben, dessen Name „Buch der Wandlungen" bedeutet. Dieser Urgegensatz erscheint auch als ein Paar von Urgottheiten, als Erdgott und Himmelsgöttin, als Sulphur und Mercurius, als Feuer und Eis, Wasser und Erde usw.

V 2. c) Der 120°-Winkel

Der Winkel von 120° ist dreipolar – er ist wie ein Dreieck. Dies ist astrologisch das Trigon, das die Verbindung von zwei Dingen bewirkt.

Als Kraft ist dies die Farbkraft, die die drei Quarks in einem Proton oder in einem Neutron zusammenhält. Sie hat drei Pole, die „rot", „gelb" und „blau" genannt werden und zusammen das neutrale „weiß" ergeben. Auch die drei Größen der vier Elementarteilchen gehören zu diesen Dreiergruppen.

In der Steinheilkunde findet sich dieser Winkel bei den trigonalen Kristallen, deren Wirkung beruhigend und integrierend ist.

V 2. d) Der 90°-Winkel

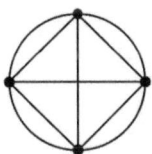

Der Winkel von 90° ist vierpolar – er ist wie ein Quadrat. Das ist astrologisch das Quadrat, das wie eine Zeltstange zwei Dinge auseinanderhält und durch diese „konstruktive Trennung" einen Raum aufspannt.

Diesem Winkel entspricht keine physikalische Kraft, aber er ist mit der schwachen Wechselwirkung verwandt. Er findet sich aber z.B. als 90°-Winkel zwischen der elektrischen Welle und der magnetischen Welle in einem Photon. Auch das kartesische Koordinatensystem, die vier Arten von Elementarteilchen und die d-Orbitale der

Elektronen haben einen 90°-Winkel, d.h. sie bilden ein Kreuz.

In der Steinheilkunde findet sich der 90°-Winkel bei den kubischen Kristallen, die eine sperrige, formende, ordnende und abgrenzende Wirkung haben. Dieser „rechte Winkel" erscheint auch als die Himmelsrichtungen und ihre Symbolik.

V 2. e)   Der 60°-Winkel

Der Winkel von 60° ist sechspolar – er bildet einen Wabe. Das ist astrologisch das Sextil, das unterschiedliche, aber sich ergänzende Elemente zu einer Gruppe zusammenfügt.

Diesem Winkel entspricht keine physikalische Kraft. Er findet sich aber z.B. als 60°-Winkel bei Bienenwaben und Schneeflocken, bei dem Winkel-Abstand von zwei Monden auf derselben Umlaufbahn um einen Planeten, bei der platzsparendsten Anordnung gleicher Elemente, im Benzol-Ring, in Quarzen, bei den f-Orbitalen von Elektronen usw.

Kristalle mit einem hexagonalen Kristallgitter haben in der Steinheilkunde eine beruhigende, gesellige und gruppenbildende Wirkung.

V 2. f)   Der 30°-Winkel

Der Winkel von 30° ist zwölfpolar – er bildet den Tierkreis und den Superstring. Das ist astrologisch das Halbsextil, d.h. die Weiterentwicklung hin zu dem nächsten Zustand.

Diesem Winkel entspricht keine physikalische Kraft. Er findet sich abgesehen von der Zwölferteilung des Superstrings und des Tierkreises nicht als offensichtlicher 30°-Winkel, sondern nur als „entwicklungsanregendes Element" in der Form des

148

zündenden Funkens in der Physik, als Katalysator in der Chemie und als Enzym in der Biologie.

Auch dieser Winkel ist mit der schwachen Wechselwirkung verwandt.

V 2. g)   Der 150°-Winkel

Der Winkel von 150° ist wie der 30°-Winkel zwölfpolar – man kommt im Kreis erst nach zwölf Schritten von 150° wieder zum Ausgangspunkt zurück. Dies ist der astrologische Aspekt des Quincunxes, der eine ständige Veränderung bewirkt und eine ständige Neuordnung bzw. Neuspannung erfordert.

Dies ist neben Quadrat und Halbsextil der dritte Winkel, der mit der schwachen Wechselwirkung verwandt ist. Die schwache Wechselwirkung bewirkt den Zerfall von Teilchen.

V 3. Einige Zusammenhänge und Unterscheidungen

Es gibt einige Verbindungen zwischen den in den früheren Kapiteln betrachteten Strukturen und Dynamiken, deren genauere Betrachtung das Gesamtsystem der gefunden Qualitäten, die sowohl in der Physik als auch in der Magie/Astrologie auftauchen, deutlicher werden lassen.

V 3. a) 120° und 30°

Sowohl der 120°-Winkel als auch der 30°-Winkel beschreiben eine Weiterentwicklung. Allerdings sind diese beiden Weiterentwicklung sehr verschieden, weshalb eine genauere Unterscheidung förderlich ist:

- Das Trigon (120°) geht einen großen Schritt weiter – das Halbsextil (30°) geht einen kleinen Schritt weiter.

- Das Trigon bleibt in dem eigenen Element (z.B. Feuer: Widder – Löwe – Schütze – Widder) – das Halbsextil wechselt stets zu einem ihm fremden Element (z.B. von dem Feuer des Widders zu der Erde des auf den Widder folgenden Stiers).

- Der 120°-Winkel beschreibt einen engen Zusammenhalt – das Halbsextil beschreibt einen Übergang zu einem ganz anderen Zustand.

Der 120°-Winkel ist ein organischer Wechsel zu einer anderen Ausrichtung in demselben System: Das Element (z.B. Feuer) bleibt gleich, es ändert sich lediglich die Dynamik, in der sich dieses Element befindet (kardinal, fix oder beweglich).
Der 30°-Winkel führt jedoch zu einem Innehalten (von einem Feuer/Luft-Zeichen zu einem Wasser/Erde-Zeichen) bzw. zu einem Aufbruch (von einem Wasser/Erde-Zeichen zu einem Feuer/Luft-Zeichen). Es kommt etwas ganz Neues, ein ganz anderer Modus, durch den der vorige Schritt verarbeitet wird.

V 3. b) 120° und Dreischritt

Das Dreieck und somit das astrologische Trigon bestehen immer aus den drei Dynamiken „kardinal, fix und beweglich". Diese drei Dynamiken sind mit dem

Dreischritt identisch, auf dem u.a. das Chakrensystem und der kabbalistische Lebensbaum beruhen. Diese drei Dynamiken zeigen sich in einfacher Form in allen Strömungsprozessen wie bei einem Springbrunnen, in der Konvektionsströmung im Inneren der Sonne, bei den Vulkanen und der Kontinentaldrift auf der Erde, bei dem Golfstrom und den Winden, in einem brodelnden Suppentopf, beim Sonnenwind (Sonnenwind, Stoßfront, Bugwelle), bei den drei Größen der Elementarteilchen, im Kundalini-Yoga (Aufsteigen, Entfalten und Niederströmen der Lebenskraft), bei den drei Zeit-Gottheiten usw.

Diese Dreischritt-Dynamik prägt alle Strömungsprozesse in organischen Systemen. Die drei Phasen dieser Strömung haben den folgenden Charakter:

1. Phase (kardinal): frei, spontan, ungestüm, selbstbestimmt, gebündelt, vorpreschend, erschaffend

2. Phase (fix): selbstzentriert, nach außen abgrenzend, prägend, streitbar, rivalisierend, ausgestaltend, ausdehnend, verallgemeinernd

3. Phase (beweglich): wahrnehmend, anteilnehmend, fürsorglich, anwendend, kooperativ, vielfältig

Der Dreischritt ist mit den drei Dynamiken identisch. Die drei Dynamiken sind wiederum die drei Ecken des Dreiecks im Tierkreis, das aus drei Trigonen, also drei $120°$-Winkeln besteht. Ein Trigon stellt nicht nur einen Zusammenhalt dar, sondern auch den Übergang von einer der drei Dynamiken zu einer anderen.

Das Chakrensystem und der kabbalistische Lebensbaum sind also nicht zwei Systeme, die unabhängig neben dem Tierkreis mit den sieben verschiedenen Winkeln in ihm stehen, sondern sie sind beide eine Anwendung und Differenzierung des $120°$-Winkels und seiner inneren Dynamik, also der organischen Entfaltung.

V 3. c)   4 Elemente und 90°

Der Dreischritt ist identisch mit den drei Dynamiken eines der vier Elemente – die 4er-Strukturen sind die vier Elemente in derselben Dynamik.

Wenn man sich den Dreischritt (drei Trigone) im Tierkreis anschaut, gehören alle drei beteiligten Zeichen zu demselben Element: entweder zum Feuer (Widder – Löwe – Schütze), zum Wasser (Krebs – Skorpion – Fische), zur Luft (Waage – Wassermann – Zwillinge) oder zur Erde (Steinbock – Stier – Jungfrau).

Wenn man sich ein Quadrat im Tierkreis anschaut, haben alle vier Zeichen dieselbe Dynamik: entweder kardinal (Widder, Krebs, Waage, Steinbock) oder fix (Löwe,

Skorpion, Wassermann, Stier) oder beweglich (Schütze, Fische, Zwillinge, Jungfrau).

Die vier <u>kardinalen Zeichen</u> sind wie vier Menschen, die etwas verschiedenes wollen: sich selber spontan ausdrücken (Widder), spontan fühlen (Krebs), spontan denken (Waage) und etwas spontan gestalten (Steinbock).

Die vier <u>fixen Zeichen</u> sind wie vier Menschen, die verschiedene Standpunkte haben: sich selber uneingeschränkt ausdrücken (Löwe), uneingeschränkt fühlen (Skorpion), uneingeschränkt denken (Wassermann) und etwas uneingeschränkt gestalten (Stier).

Die vier <u>beweglichen Zeichen</u> sind wie vier Menschen, die sich um verschiedene Dinge kümmern wollen: sich in der ganzen Welt ausdrücken (Schütze), die ganze Welt fühlen (Fische), die ganze Welt denkend erfassen (Zwillinge) und die ganze Welt gestalten (Jungfrau).

Aufgrund dieser Verschiedenartigkeit der Ausrichtung können diese vier Menschen jeweils nur dann das tun, was sie wollen, wenn sie „ich" und „Du" klar unterscheiden, wenn sie sich voneinander abgrenzen, wenn sie sich gegenseitig in Ruhe lassen, wenn sie tolerant sind, wenn sie sich selber ihre Freiheit nehmen und den anderen ihre Freiheit lassen. Genau das sind die Qualitäten eines astrologischen Quadrates.

V 4. Der zwölfgeteilte Kreis

Der zwölfgeteilte Kreis scheint in allen diesen Betrachtungen das zentrale Element zu sein – und daher wahrscheinlich auch die Quelle des einheitlichen Weltbildes.

V 4. a) Der Tierkreis, die vier Elemente und der Dreischritt

Der Kreis, der in zwölf gleiche Abschnitte von jeweils 30° geteilt ist, findet sich als die einfachste Form des Superstrings und als der Tierkreis. Von ihm lassen sich die Qualitäten der Winkel ableiten, d.h. genauer gesagt bilden diese Winkel mit ihren Qualitäten in der Form des Tierkreises ein in sich schlüssiges System.

Die zwölf Elementarteilchen bilden zwar keinen Kreis, aber auch sie haben die innere Struktur der „4·3=12", also der vier Elemente, die in drei Größen/Dynamiken vorkommen.

Der Superstring ist die kleinste Einheit und das Fundament der heutigen Physik. Der Tierkreis ist die Grundlage der Astrologie und auch eines Teils der Magie. Über die Dynamik des 120°-Winkels und der in ihm enthaltenen Dreischritt-Dynamik sind auch das Chakrensystem und der kabbalistischen Lebensbaum ein Teil des Tierkreises. Das elfdimensionale mathematische Modell der Superstringtheorie entspricht wiederum genau dem kabbalistischen Lebensbaum – der seinerseits wiederum auf dem Dreischritt beruht, der auch den Tierkreis prägt.

V 4. b) Der zwölfgeteilte Kreis und das Röhrenmodell

Die beiden grundlegendsten der bisher gefundenen Strukturen in der Welt sind (in diesem Buch) zum einen der zwölfgeteilte Kreis und zum anderen das Röhrenmodell. Diese beiden Strukturen hängen eng zusammen und sind letztlich nur zwei verschiedene Aspekte desselben Modells:

Der Ansatz „Innen = Außen" hat zu der Beschreibung der Welt als eines extrem komplexen Röhrensystems geführt, in dem es ein „Innen" und ein

„Außen" gibt, das dem Bewußtsein und der Materie entspricht.

Die Betrachtung der Winkel in der Welt hat zu der Entdeckung der sieben Grundqualitäten geführt, die den Winkeln 0°, 30°, 60°, 90°, 120°, 150° und 180° entsprechen. Diese Qualitäten entsprechen den astrologischen Eigenschaften der Aspekte, die diese Winkel haben. Das Chakrensystem und der kabbalistische Lebensbaum lassen sich aus dem 120°-Winkel (Dreischritt) ableiten. Das I Ging und das Ifa-Orakel lassen sich aus dem 180°-Winkel (Ergänzungs-Gegensatz) ableiten.

Das Röhrenmodell ist aus dem Bild eines Superstrings („schwingender Kreis"), der sich durch die Zeit bewegt, entstanden. Die Röhren des Röhrenmodells sind also allesamt zwölfgeteilte Kreise.

Der zwölfgeteilte Kreis ist die „Substanz" und die grundlegende „Form" des Röhrensystems.

Somit ist der zwölfgeteilte Kreis das Grundelement. Das Röhrensystem ist die Betrachtung der gesamten Welt als riesiges Netzwerk, das aus diesen Elementen besteht, die sich durch die Zeit bewegen.

V 4. c)   „Am Anfang war die Zwölf ..."

Durch die Betrachtungen in den beiden ersten Abschnitten dieses Kapitels ergibt sich ein umfassendes Modell, mit dem sich sowohl die magischen als auch die physikalischen Phänomene der Welt in einem Bild zusammenfassen lassen.

Es fehlt allerdings noch eine Betrachtung dazu, warum der zwölfgeteilte Kreis eigentlich derart im Zentrum unserer Welt steht.

Die einfachste Erklärung dafür sind vermutlich die Eigenschaften der Raumzeit, die notwendig sind, damit die Raumzeit existieren kann:

- Die Welt muß entstanden sein – ohne den Urknall, ohne die Schöpfung geht es nicht.
Das entspricht der Qualität der Konjunktion (0°).

- Die Elementarteilchen lassen sich als Krümmungen der Raumzeit („Berge", „Täler") auffassen. Es muß also eine stabile Form geben, in der sich die Raumzeit krümmen kann, da es sonst keine beständigen Elementartteilchen geben könnte – die Welt wäre sonst ein leerer Raum, in dem die Zeit keinerlei Veränderungen hervorrufen kann.
Das entspricht der Qualität des Quadrates (90°).

- Es muß in der Welt Bewegung geben, sonst könnte nichts geschehen – und es könnte auch niemanden geben, der diese Welt wahrnehmen könnte.

Das entspricht der Qualität der Opposition (180°).

- Es muß in der Welt aber auch einen organischen Zusammenhalt und eine organische Entwicklung und Entfaltung geben, da sonst immer alles beim Alten bleiben würde.

Das entspricht der Qualität des Trigons (120°).

- Es muß auch die Möglichkeit der Gruppenbildung geben, da sonst alle Dinge in der Welt einzeln bleiben würden und es keine großen, differenzierten Strukturen geben könnte.

Das entspricht der Qualität des Sextils (60°).

- Es muß auch die Möglichkeit der Weiterentwicklung zu ganz neuen Zuständen geben, da sonst alles recht schnell in einer einzigen Form „einfrieren" würde. Auch die Zeit selber braucht diese Möglichkeit – schließlich ist sie der Fluß der Weiterentwicklung.

Das entspricht der Qualität des Halbsextils (30°).

- Schließlich muß es die Möglichkeit des grundlegenden Wandels geben, da sonst alles irgendwann in einem Zustand stecken bleiben könnte.

Das entspricht der Qualität des Quincunxes (150°).

Die Qualitäten der sieben Winkel sind also „die notwendigen Eigenschaften der Welt" – und sie sind auch „die sieben Qualitäten des Lebens".

Wenn nun diese sieben Winkel-Qualitäten die notwendige Grundlage sind, dann kann sich die Raumzeit nur auf eine Weise krümmen, die diese sieben Eigenschaften enthält – sie kann sich folglich nur als zwölfgeteilter Kreis krümmen und dadurch eigenständige Teilchen bilden, die weiterexistieren können. Wäre unsere Welt anderes, dann gäbe es uns nicht und vermutlich auch sonst nichts in dieser Welt.

Wenn sich nur Dinge aus der Raumzeit bilden können, die zwölfgeteilte Kreise oder komplexere Formen solcher zwölfgeteilter Kreise sind, dann sollten alle existierenden Dinge im Innersten solche zwölfgeteilte Kreise sein. Dabei sollte es egal sein, ob man ein Ding von außen her oder von innen her betrachtet – man findet entweder zwölfgeteilte Tierkreise oder zwölfgeteilte Superstrings …

V 4. d)   Kausalität und Analogie im Röhrenmodell

Die gesamte Welt ist in dem hier betrachteten Modell ein Röhrensystem. Die Gesamtgestalt dieses Systems wird durch zwei Faktoren geprägt: Kausalität und Analogien.

1. Die <u>Kausalität</u> erscheint in diesem Modell auf eine sehr simple Weise:

- Zum einen endet keine Röhre einfach im Nichts, sondern führt stets weiter in die Zukunft – wobei sie sich natürlich verwandeln kann.

- Zum anderen können sich Röhren treffen, sich vereinen, sich trennen – wie die Darstellungen in den Feynman-Diagrammen in der Physik, die genau diese Zusammenhänge darstellen.
Alles wirkt auf alles andere …

Die Kausalität, also das zeitlich endlose Weiterführen der Röhren ist im Grunde genommen nichts anderes als die bildhafte Darstellung der Erhaltungssätze: Die Dinge können sich verwandeln, aber nichts geht jemals verloren oder entsteht aus dem Nichts heraus.
Der Urknall ist der zeitliche Anfang auch des Röhrenmodells. Damals ganz am Anfang gab es nur die Raumzeit. Sie war eine Einheit. Von diesem Anfangspunkt, der eine unvorstellbar große Dichte und Hitze hatte, gehen alle Röhren aus.

2. Die <u>Analogien</u> sollten in dem Röhrenmodell als eine Symmetrie erscheinen. Diese Symmetrie sollte sich kaleidoskopartig entfalten.
Sowohl die Astrologie als auch die Verwendung von Analogien in der Magie zeigen, daß diese Analogien ausgesprochen vielfältig sein können.

Die Kausalität und die Analogien erscheinen im Röhrenmodell als der zeitliche Anfang aller Röhren in einem einzigen Punkt (Urknall), von dem aus sie sich in symmetrischer Weise ausdehnen, differenzieren und kaleidoskopartig entfalten. Das grundlegende Element sowohl der Kausalität als auch der Analogien ist der zwölfgeteilte Kreis: der Superstring und der Tierkreis.

V 4. e) Analogien im Röhrenmodell

Wie sehen nun Analogie-Verhältnisse in dem Röhrenmodell aus? Kann man sie als Aspekt des Röhrensystems beschreiben – so wie man Superstring und Tierkreis als die Kreis-Gestalt der Röhren veranschaulichen kann?

Zunächst einmal kann man die Analogien als eine Selbstähnlichkeit des Gesamtsystems auffassen: Alle Dinge bestehen letztlich aus Elementarteilchen, die die Gestalt eines Superstrings haben – und alle geborenen Wesen und geschaffenen Dinge haben ein Horoskop, das auf dem Tierkreis beruht. Alles ist durch den zwölfgeteilten Kreis geprägt – sowohl innen im Bewußtsein (Tierkreis) als auch außen in der Materie (Superstring).

Die Analogie-Ordnung bezieht sich offensichtlich nicht nur auf die Elementarteilchen, sondern auf Wesen der verschiedensten Größe – sonst gäbe es keine Horoskope für Menschen, Tiere, Unternehmen, Staaten usw.

Man könnte vermuten, daß nur Analogien mit einer der „sieben Qualitäten" als „Analogie-Essenz" möglich sind, aber das ist nicht so, da man z.B. auch die astrologischen Planeten, die Tarotkarten, das I Ging oder die Runen als Analogie-Essenz benutzen kann. Eine Analogie kann also nicht nur eine der sieben Winkel-Qualitäten haben, sondern auch andere, die z.T. deutlich vielfältiger und komplexer sind. Es ist natürlich zunächst nur schwer nachprüfbar, ob sich z.B. die Tarotkarte „Stab-Drei" letztlich aus diesen sieben Winkel-Qualitäten aufbaut.

Der zwölfgeteilte Kreis findet sich in physikalischer Hinsicht zunächst einmal nur auf der ganz fundamentalen Ebene als die Superstring-Form der Elementarteilchen, aus denen der betrachtete Gegenstand besteht.

Bei einem Horoskop erscheint der Tierkreis als die Grundlage dieses Horoskops, das sich auf das Wesen als Ganzes bezieht.

Der materielle Körper ist das Außen – er ist determiniert. Das Bewußtsein ist das Innen – es ist frei. Der Übergang zwischen beidem ist das, was man meist als „Lebenskraft" bezeichnet – es besteht aus Qualitäten.

Der zwölfteilige Kreis erscheint beim Superstring in der Materie, also als Quantität im einzelnen Elementarteilchen. Beim Horoskop erscheint er in der Lebenskraft, also als Qualität in dem Ganzen.

Hier liegen offenbar zwei verschiedene Betrachtungs- und Ordnungsebenen vor. Die astrologische Ebene beschreibt die physikalische Ebene als Ganzes und kann daher Qualitäten, Charaktereigenschaften und Ereignisse deutlich machen.

Das zeigt, daß die Analogien die Gestalt der physischen Ereignisse im umfassendem Maße prägen müssen – sonst wäre es nicht möglich, daß die Astrologie so differenziert und über Jahrtausende hinweg ständig funktioniert.

Wie diese Analogieordnung jedoch in dem Röhrenmodell genau aussieht, ist vorerst noch unklar.

V 4. f) Physik im Röhrenmodell

Die physikalischen Erhaltungssätze, die Kausalität und die Naturgesetze sind Teil des Röhrenmodells, da die Form des Röhrenmodells nichts anderes ist als die komplexe Darstellung der Welt als Superstrings im Verlauf der Zeit. Das Röhrenmodell ist lediglich die Kombination der graphischen Darstellung der Superstrings als zwölfteiliger Kreis mit den Feynman-Diagrammen.

V 4. g) Magie im Röhrenmodell

Die Magie hat im Röhrenmodell zwei Aspekte – so wie sie dies auch im konkreten Alltag hat:

- Zum einen gibt es das Bewußtsein, das auf direkte Weise durch Wille und Imagination die Welt gestaltet: Telepathie, Telekinese u.ä. Das ist im Röhrenmodell im Wesentlichen eine Ausweitung des Bewußtseins im Inneren der Röhren – der direkte Zugriff auf Dinge außerhalb des eigenen Körpers und auch auf das Bewußtsein von anderen Menschen, Tieren, Pflanzen und Dingen.

- Zum anderen werden in der Magie häufig Analogien benutzt, die das benötigte Maß an Willen und Imagination reduzieren können. Es scheint also innerhalb des Röhrensystems einfache Wege der Bewußtseinserweiterung (mit Analogien) und schwierige Wege der Bewußtseinserweiterung (ohne Analogien) zu geben.

Zu der magischen Wirkung von Wille und Imagination gehört auch die magische Wirkung von Wünschen und Ängsten als Bildern (Imaginationen) im Bewußtsein – auch sie rufen Analogien hervor. Ein Wunsch ruft die Erfüllung dieses Wunsches herbei und eine Angst ruft in gleicher Weise das Erlebnis herbei, vor dem man Angst hat. In beiden Fällen entstehen im Außen spontan Analogien zu den Bildern im Inneren.

Man kann sich nun fragen, wie diese Analogien, die das Röhrensystem prägen, als Ganzes aussehen.
Ist die Grundbewegung ein gleiches Verhalten aller Winkel-Qualitäten? Das würde recht gut der Astrologie entsprechen, bei der die aktuellen Planeten-Konstellationen auf alle Wesen in gleicher Weise einwirken – wobei die jeweilige Reaktionsweise auf diesen für alle gleichen Einfluß von dem Horoskop des Betreffenden abhängt.

Gibt es daher einen für alle Elementarteichen gleichen „Tanz" der auf der „Choreographie" beruht, die durch die Astrologie sichtbar wird?

Das beschreibt jedoch noch immer nicht auf anschauliche Weise das Aussehen der Analogie-Ordnung in dem Röhrenmodell …

V 4. h)   Freiheit, Analogie und Determiniertheit

Ein wichtiger Punkt in diesem Modell ist auch die Frage nach dem Zusammenhang zwischen der Determiniertheit der Materie im Außen, der Freiheit des Bewußtseins im Innen und den Analogien im Bereich der Lebenskraft, also an dem Übergang zwischen Bewußtsein und Materie. Dieser Lebenskraftbereich ist der Ort, der essentiell durch den zwölfgeteilten Kreis geprägt ist.

Die Determiniertheit der Materie muß Grenzen haben, da Telepathie und Telekinese möglich sind. Die Determiniert der Materie kann nicht unverrückbar feststehen – sie muß so etwas wie eine „äußere Trägheit" der Welt (und somit des Röhrensystems) sein.

Telepathie und Telekinese zeigen, daß das Bewußtsein auch direkt auf die Materie einwirken kann – nicht nur auf den eigenen Körper, sondern auch auf andere Körper und ebenso auf das Bewußtsein anderer Menschen und Wesen.

Diese Ausdehnung des Bewußtseins ist im Röhrenmodell eine Ausweitung im Inneren des Röhrensystems über die Grenze des eigenen Körpers hinaus. Diese Grenze ist kein prinzipielles Hindernis, sondern eine Trägheits-Schwelle, über die man durch Wille und Imagination hinausgehen kann.

Die Materie hat die Trägheit, die man „Kausalität" nennt – die Magie hat die Trägheit, die man „Bequemlichkeit" und Mangel an Vision, Entschlossenheit, Willen, Konzentration, Imagination sowie Mangel an Kenntnis der Magie-Möglichkeiten nennen könnte. Durch diese innere Trägheit entstehen die Bewußtseinsschwellen.

Letztlich ist beides dieselbe Trägheit: Erst wenn das Bewußtsein durch seine Entschlossenheit den direkten Zugriff auf Dinge außerhalb des eigenen Körpers erlangt, werden die physikalischen Gesetzmäßigkeiten teilweise außer Kraft gesetzt und es geschieht Magie.

Die Lebenskraft als der Übergang zwischen Bewußtsein und Materie ist das, was träge ist. Sie muß in der Magie bewegt werden. Dabei kann man sich die Eigenschaften dieser Lebenskraft zunutze machen, also vor allem die Qualitäten des zwölfgeteilten Kreises in Form von einfachen Analogien, die man bei der Imagination verwenden kann.

159

V 5. Die Analogien

In den bisherigen Betrachtungen ist ein wenig unklar geblieben, auf welche Weise die Analogien die Welt prägen. Es läßt sich sagen, daß sich die Welt kaleidoskopartig entfaltet, aber es wäre durchaus willkommen, ein wenig mehr über die Muster in diesem Kaleidoskop zu erfahren. Da diese Muster durch die Analogien entstehen, ist es sinnvoll, diese Analogien genauer zu untersuchen.

V 5. a) Astrologie

Tierkreis und Aspekte

Der Tierkreis und die Aspekte sind allgemeingültige Analogien, da sie sowohl in der Astrologie als auch in der Physik (Superstring, Winkel-Qualitäten) auftreten. Zudem gibt es zwar viele verschiedene astrologische Systeme, aber der Tierkreis und die Qualitäten der Aspekte sind in all diesen Systemen gleich.

Der Tierkreis ist dadurch entstanden, daß man die Sternbilder am Himmel benannt hat und die Folge der Sternbilder, durch die die Sonne, der Mond und die Planeten wandern, zu einer Folge von zwölf Bildern zusammengefaßt hat. Anfangs gab es auch Folgen von zehn oder elf Sternbildern als Weg der Planeten am Himmel.

Der Tierkreis wird jedoch durch die Stellung der Erde zur Sonne berechnet. Da die Erdachse schräg steht, gibt es die vier Jahreszeiten, die durch die längste Nacht, den längsten Tag und die beiden Tagundnachtgleichen dazwischen voneinander abgegrenzt werden. Diese vier Zeitpunkte markieren den Anfang der vier kardinalen Tierkreiszeichen, also des Widders (Frühlings-Tagundnachtgleiche), des Krebses (Sommer-Sonnenwende), der Waage (Herbst-Tagundnachtgleiche) und des Steinbocks (Winter-Sonnenwende).

Der Tierkreis befindet sich also nicht am Himmel, sondern rings um die Erde. Es sind nicht die Sterne, die „Strahlen" mit den astrologischen Qualitäten zur Erde senden, sondern es ist die Stellung der Erde zur Sonne, die den Tierkreis bestimmt. Da der Tierkreis daher geozentrisch ist, kann man den Tierkreis wie eine Aura (=„Lebenskraftkörper") der Erde auffassen.

Das Interessante an dieser Feststellung ist, daß die Elementarteilchen als Superstrings, also als zwölfgeteilte Kreise dargestellt werden können – und daß auch die Erde astrologisch gesehen von einem zwölfgeteilten Kreis umgeben ist, der sich anhand des Tierkreises erkennen läßt.

Genaugenommen rotiert die Erde innerhalb dieses zwölfgeteilten Kreises, dessen Lage durch die Stellung der Erdachse festgelegt wird. Dieses Rotieren der Erde in dem zwölfgeteilten Tierkreis ist der Auffassung der Superstrings als schwingende, zwölfgeteilte Kreise ausgesprochen ähnlich.

Es hat also den Anschein, als ob jedes System als rotierender zwölfteiliger Kreis aufgefaßt werden könnte.

Möglicherweise trifft das auch für den Menschen selber zu: Es gibt zwölf Akupunktur-Meridiane und das Herzchakra als Zentrum des Chakrensystems hat zwölf Blütenblätter – wobei das Herzchakra in älteren Darstellungen auch mit acht Blütenblättern erscheint. Da der Mensch jedoch zudem gewissermaßen in sein Horoskop „gehüllt" ist, scheint es recht wahrscheinlich, daß auch der Mensch eine zwölfteilige „Aura" hat.

Der zwölfgeteilte Kreis findet sich also im ganz Kleinen bei den Elementarteilchen, im Mittleren beim Menschen und im ganz Großen beim Tierkreis der Erde.

Man kann somit mit einiger Berechtigung vermuten, daß alle Dinge in der Welt als zwölfgeteilte Kreise aufgefaßt werden können – zumal sie alle ein eigenes Horoskop haben und daher „Tierkreis-geprägt" sind.

Somit wäre der zwölfgeteilte Kreis und die Qualitäten der sieben Winkel in ihm eine allgemeingültige Struktur, die sich bei jedem eigenständigen Ding findet – angefangen von einem Photon über Tiere, Menschen, Unternehmungen und Staaten bis hin zu Planeten und vermutlich auch Sonnen und Galaxien.

Es wäre sinnvoll zu überprüfen, ob es den Tierkreis und die Astrologie auch gibt, wenn man die Erde verläßt – z.B. wenn jemand auf dem Mond, auf dem Mars oder auf einem Planeten, der um den Stern Alpha Centauri kreist, geboren wird. Das ist technisch jedoch derzeit nicht machbar – und mir ist auch noch kein Experiment eingefallen, mit dem man den Tierkreis z.B. für den Planeten Pluto oder zumindestens für den Mond nachweisen könnte.

Planeten

Die Planeten sind in der Astrologie eine logische Folge von Eigenschaften:

- Mond	- Wahrnehmung	- Kleinkind
- Merkur	- Denken	- Schüler
- Venus	- Bewerten	- Jugendliche
- Sonne	- Entscheiden	- König
- Mars	- Handeln	- Krieger
- Jupiter	- Organisieren	- Manager

- Saturn	- Bewahren	- Hüter
- Uranus	- Neues	- Erfinder
- Neptun	- Weiten	- Künstler
- Pluto	- Wesentliches	- Magier

Diese logische Folge läßt zunächst vermuten, daß es sich bei den Planeten um ein allgemeingültiges System handelt. Das trifft jedoch aus mehreren Gründen nicht zu:

- Man kann Kleinplaneten wie Ceres u.ä. mit in diese Folge aufnehmen, wodurch sie durcheinander gerät.

- Bei einer Geburt auf dem Mars würde der Mars als Planet im Horoskop des Betreffenden fehlen. Hat der Betreffende dann keine Muskeln mehr, die dem Mars entsprechen? Zudem würde die Erde als Planet im Horoskop erscheinen – welche Eigenschaften hat sie dann? Weiterhin würde der Erdmond fortfallen und die beiden Marsmonde kämen hinzu. Würde ein Mensch, der auf dem Merkur geboren wird, nicht denken können? Und was geschieht bei einer Geburt auf einem Raumschiff, das den Jupiter umkreist, der immerhin 79 Monde hat, die dann auch in dem Horoskop erscheinen würden?

- In anderen Sonnensystemen gibt es die verschiedensten Anzahlen von Planeten – und der evtl. bewohnbare Planet muß auch nicht immer der vierte von zehn Planeten sein.

Nun haben die Planeten in der Astrologie ja durchaus eine logische Folge von Qualitäten, die keineswegs willkürlich aussieht. Möglicherweise haben alle Planetenfolgen unabhängig davon, von welchem Planeten in welchem Sonnensystem aus man schaut, eine solche logische Qualitäten-Folge.

Aber man kann immerhin sagen, daß nicht ein Planet an sich eine Eigenschaft hat, sondern daß z.B. der Mars von der Erde aus gesehen die Qualität des Kriegers hat. Vom Mars als Geburtsort aus gesehen wird hingegen ein anderer Planet für Muskeln, Arbeit, Sex und Kampf zuständig sein.

Häusersystem

Der Tierkreis orientiert sich an den Jahreszeiten, das Häusersystem an den Tageszeiten. Das Häusersystem ist wie ein zweiter Tierkreis mit ähnlichen Eigenschaften, die jedoch eine andere Ausrichtung haben. Die Tierkreiszeichen beschreiben jeweils einen Stil, die Häuser beschreiben jeweils einen Lebensbereich.

Tag und Nacht sind je nach Jahreszeit und nach dem Ort auf der Erde verschieden lang, was bei der Berechnung der Häuser berücksichtigt wird. Dabei sind im Laufe der Zeit jedoch verschiedene Methoden entwickelt worden, bei denen die Größe der einzelnen Häuser verschieden sein kann – jedes dieser Systeme hat den Einfluß der Tages- und Nachtlänge auf die Größe der astrologischen Häuser verschieden bewertet.

Die üblichen Häusersysteme funktionieren zudem nur zwischen dem nördlichen Polarkreis und dem südlichen Polarkreis. Das liegt daran, daß es zwischen den Polarkreisen und den Polen Zeiten im Jahr gibt, an denen es ständig Nacht bzw. ständig Tag ist. Dann ist eine Einteilung der Häuser anhand des Verhältnisses zwischen der Länge des Tages und der Länge der Nacht nicht mehr möglich.

Das Häusersystem scheint daher kein solch allgemeingültiges System zu sein wie der Tierkreis – obwohl das Häusersystem bei der Deutung von Horoskopen ausgesprochen gut funktioniert.

V 5. b) Analogiesysteme

Es gibt viele Systeme, die die Welt in eine Gruppe von Elementen einteilen, die insgesamt alle Aspekte der Welt darstellen – natürlich jeweils aus der Sicht des jeweiligen Systems. Jedes dieser Systeme hat ein Grundprinzip, das für die Einteilungen in diesem System verwendet worden ist. Bildlich gesprochen sortieren diese Systeme die Welt also nach verschiedenen Gesichtspunkten: die einen teilen die Dinge in der Welt nach ihrer „Farbe" ein, die anderen nach ihrer „Form" und die dritten nach ihrem „Gewicht".

So benutzen das 64-teilige I Ging und das 256-teilige Ifa-Orakel den Ergänzungs-Gegensatz (Yin und Yang) als grundlegendes Ordnungsprinzip. Dadurch beschreiben diese beiden Systeme die Welt als einen ständigen Wandel – das ist die Grundqualität der „2", also des 180°-Winkels, der in der Astrologie „Opposition" genannt wird.

Ein sehr schlichtes Verfahren, die Welt in gleichartige Bereiche einzuteilen, sind die vier Elemente Feuer, Wasser, Luft und Erde. Ihr Grundprinzip ist das Energieniveau, in dem sich eine Sache in der Welt befindet: vom energiereichen Feuer über die weniger energiereiche Luft und das recht energiearme Wasser bis zu der ganz energiearmen Erde. Die Quintessenz, also das „fünfte Element" ist eben diese Energie selber, die die anderen vier Elemente in verschiedenem Maße enthalten. Ein solches System schaut stets auf das Energieniveau der Dinge.

Der kabbalistische Lebensbaum benutzt wie das Chakrensystem den Dreischritt als Grundprinzip – er geht also von der Qualität des 120°-Winkels aus. Dieses Prinzip ist bei dem Lebensbaum jedoch weiter differenziert worden als bei dem Chakrensystem. Der Lebensbaum und die Chakren betrachten folglich die Entwicklung von Systemen.

163

Man kann auch noch ganz andere Systeme als Grundlage für die Einteilung der Welt benutzen wie z.B. die germanischen Götter in Asgard oder das Schwitzhütten-Mandala mit den vier Tieren in den vier Richtungen, der Erde unten, dem Himmel oben und dem Lebensgeheimnis im Zentrum.

Der interessante Punkt an diesen Systemen ist, daß sie funktionieren. Man kann alle Dinge in dieser Welt mithilfe dieser Systeme gliedern und man kommt dabei zu hilfreichen Erkenntnissen. Das differenzierteste dieser Systeme ist recht sicher der kabbalistische Lebensbaum.

Die meisten dieser Systeme beruhen auf einem Grundprinzip, das sich auch in dem Tierkreis wiederfindet wie der Ergänzungs-Gegensatz des 180°-Winkels bei dem I Ging und dem Ifa-Orakel oder wie der Dreischritt des 120°-Winkels beim Chakrensystem und beim Lebensbaum. Das Funktionieren eines solchen Systems ist jedoch nicht davon abhängig, ob sein Grundgedanke auf einer der sieben Qualitäten beruht, die durch die Winkel in dem zwölfgeteilten Kreis dargestellt werden.

Die Analogie-Ordnung in der Welt muß sehr tiefgehend und umfassend sein, wenn es möglich ist, die Welt auf die verschiedensten Arten einzuteilen und jedesmal wieder sinnvolle Analogie-Systeme zu erhalten.

V 5. c) Orakel

Der Grundgedanke bei allen Orakeln, bei denen „bildhafte Hilfsmittel" verwendet werden, ist es, daß diese Hilfsmittel insgesamt alle Elemente der Welt darstellen:

- Die 18 oder mehr Runen stellen alle Themen dar, die in dem Leben eines Menschen wichtig sein können.

- Die 64 Hexagramme des I Ging stellen alle Zustände dar, die in der Welt möglich sind.

- Die 78 Karten des Tarots stellen alle Entwicklungsphasen dar, die in der Welt auftreten sind.

- Die 256 Götter des Ifa-Orakel stellen alle Kräfte dar, die es in der Welt gibt.

- Die Elemente eines „Knochenorakels", bei dem eine Sammlung von Gegenständen benutzt wird, die für den Orakel-Deuter bedeutungsvoll sind (z.B. Messer = Gefahr; Zahn = Kraft; Maiskorn = Nahrung; Wolfshaar = Krafttier), stellen die Elemente der Welt dieses Orakel-Deuters dar.

164

Die Summe der Elemente eines jeden Orakel-System ist ein Abbild der Welt. Die meist unausgesprochene Grundannahme bei Orakeln ist, daß sich ein vollständiges Bild der Welt stets in demselben Zustand wie die Welt selber befinden muß. Wie das Funktionieren solcher Orakel zeigt, existiert diese Analogie zwischen den Orakel-Elementen und der Welt tatsächlich.

Das Bemerkenswerte daran ist, daß diese Orakel immer funktionieren – ganz egal, wie sie aufgebaut sind. Der wesentliche Punkt ist lediglich, daß sie ein Bild der Welt darstellen. Das läßt vermuten, daß die Analogie-Ordnung der Welt so fein strukturiert ist, daß man auf jede beliebige Weise auf sie blicken kann und jedesmal wieder „funktionierende Analogien" findet.

V 5. d) Omen

Bei einem Orakel liegt die Initiative bei dem Fragesteller und die Durchführung bei dem Orakel-Deuter: Ich habe eine Frage und stelle sie einer Seherin, die daraufhin ihre Tarotkarten hervorholt, mich eine Karte ziehen läßt und diese Karte dann als Antwort auf meine Frage deutet.

Bei einem Omen liegt die Initiative bei der Welt und die Deutung bei einem selber oder bei einem „Fachmann". Wenn ich z.B. mit gesenktem Haupt die Straße entlanggehe und über meine Armut nachdenke und dann auf einmal ein 50€-Schein vor mir auf dem Weg liegt, ist dieses Zeichen nicht schwer zu deuten …

Es gibt jedoch auch komplexere Omen, über die man erst einmal nachdenken muß, aber die dann auch deutlich differenziertere Antworten geben.

Schließlich gibt es auch noch Omen, für deren Deutung ein bestimmtes Weltbild notwendig ist – die Omen beziehen sich in der Regel auf das Weltbild des Menschen, auf den sich dieses Omen bezieht.

Es ist schwer zu entscheiden, ob ein Omen ein „Gespräch der Welt mit einem Menschen" ist oder ob der betreffende Mensch telepathisch bzw. telekinetisch ein bestimmtes Omen herbeiruft. Es gibt natürlich Omen wie z.B. einen Bergrutsch oder die Nachricht von dem Ausbruch eines Krieges in einem bestimmten Land, die man vorsichtshalber nicht als telepathisch/telekinetisch durch einen selber verursacht ansehen sollte.

Die Omen zeigen vor allem, daß die Analogie-Ordnung nicht nur vorhanden ist und sichtbar wird, wenn man eine Frage an die Welt stellt oder ein Bild der Welt als Orakelsystem benutzt (wie die Tarotkarten), sondern daß diese Analogien auch spontan auftreten können.

Letztlich zeigt die Astrologie sehr deutlich, daß die Analogien auch dann wirken, wenn der Mensch nicht danach sucht – schließlich hat jeder Mensch sein Horoskop, das ihn prägt, ganz egal, ob er das weiß, ob er das will, ob er sich dagegen wehrt oder ob er das ausgesprochen praktisch findet.

V 5. e) Omen, Orakel und Intuition

Wenn man ein Orakel befragt oder ein Omen gedeutet hat, erhält man zunächst eine Struktur oder eine Qualität als Antwort. Man kann eine Situation einordnen und ahnt, wie sie sich weiterentwickeln könnte. Alle diese Antworten bleiben jedoch zunächst einmal auf der Ebene von Qualitäten wie „drohende Gefahr", „Selbstbesinnung ist hilfreich", „drohender Verlust", „Taten sind förderlich" usw.

Bei der Benutzung von z.B. mehreren Tarotkarten als Antwort auf eine Frage können diese Aussagen zwar recht differenziert werden, aber sie bleiben dennoch Beschreibungen von Qualitäten.

Man kann jedoch von dem Deuten z.B. der Tarotkarten und dem Beschreiben der durch sie gezeigten Qualitäten zu einer direkten Wahrnehmung wechseln, durch die man telepathisch auch ganz konkrete Aussagen machen kann wie „Du wirst morgen um 11.30Uhr auf einer Straße in Bonn einen alten Freund treffen, von dem Du denkst, daß er zur Zeit in Belgien ist."

Der Übergang von der Deutung von Omen und Orakeln zu der direkten Wahrnehmung von verborgenen oder zukünftigen Dingen ist ein Wechsel in einen anderen Modus des Bewußtseins:

- Bei dem Deuten eines Omens oder Orakels betrachtet der Verstand z.B. die Tarotkarten, die gezogen worden sind und deutet sie mithilfe der Kenntnis dieser Karten. Das ist eine Tätigkeit des Verstandes des Sehers.

- Bei der Intuition benutzt der Seher die Tarotkarten, das Horoskop, die Hexagramm des I Gings usw. als „Tor", durch das er tritt, um dann zu schauen, was er wahrnehmen kann. Das ist eine Ausweitung des Bewußtseins durch den Seher.

V 5. f) Analogien in der Magie

In der Magie werden sehr häufig Analogien verwendet. Daher lohnt sich auch hier ein genauerer Blick darauf, was diese Analogien in der Magie eigentlich sind.

Zunächst einmal gibt es die Analogie zwischen dem Wunsch und der Wunscherfüllung – oder anders gesagt zwischen dem durch ein Ritual bildhaft ausgedrückten

166

Willen und dem darauf folgenden Ereignis. Der Magier will etwas erreichen und stellt sich dafür das Erreichte möglichst lebhaft und konzentriert vor. Von dieser Methode gibt es natürlich viele verschiedene Varianten, aber das Grundprinzip ist, daß die Ausrichtung des Willens und der Imagination auf das Erwünschte dieses Erwünschte in das eigene Leben „zieht". Daß das funktioniert, kann natürlich nur die eigene Erfahrung zeigen.

Dieses Prinzip funktioniert natürlich (leider) auch bei einer Angst, auf die man fixiert ist, und der durch sie bewirkten „Angsterfüllung".

Generell kann man sagen, daß emotional aufgeladene Bilder in der Psyche dazu neigen, auch in der Außenwelt als Ereignis zu erscheinen. Dies ist eine konkrete Anwendung des Prinzips „Innen = Außen". Wenn das Bewußtsein die Innenseite der Welt ist und die Materie die Außenseite der Welt, dann gestalten die Vorstellungen im Bewußtsein auch die Ereignisse im Leben des Betreffenden mit. Die Intensität der Ereignisse entsprechen dabei der Intensität der Gefühle, die in diesen inneren Bildern liegen. Man könnte statt „Gefühl" und „Emotionen" auch „Aufladung mit Lebenskraft" sagen.

Bei der Magie hat sich herausgestellt, daß sich nicht nur das imaginierte und „mit Lebenskraft aufgeladene Bild", sondern der gesamte Kontext dieses Bildes in der Psyche in dem Leben des Betreffenden verwirklicht. Dies ist, wenn man von dem Prinzip „Innen = Außen" ausgeht, auch nicht anders zu erwarten …

Die Wunscherfüllung ist also eher eine Analogie zur Gesamtpsyche als eine Analogie zu dem isolierten Wunsch, den man ausgesendet hat. Letztlich hat jedes „aufgeladene Bild" in der Psyche auch eine äußere Wirkung.

Wie wichtig sind nun die Analogien in der Magie?

In machen Ritualen gehen die Analogien sehr weit wie z.B. in dem sogenannten „Woodoo-Zauber", bei dem ein Püppchen mit der Gestalt dessen hergestellt wird, auf den man einwirken will – vorzugsweise enthält dieses Püppchen auch noch ein Haar o.ä. des Betreffenden. Wenn man dem Betreffenden schaden will, wird dieses Püppchen mit Nadeln gestochen – wenn man den Betreffenden heilen will, wird das Püppchen in einem Ritual, bei dem die Götter zu Hilfe gerufen werden, in die Mitte gelegt.

In anderen Ritualen sind die Analogien zumindestens teilweise einfach Hilfen bei der Konzentration auf eine bestimmte Qualität und bei der Imagination auf diese Qualität. So kann ein rotes Gewand, eine Mars-Statue, das Halten eines Schwertes, ein Hämatit-Würfel auf dem Altar, rote Kerzen, Muskat-Räucherungen usw. die innere Ausrichtung auf den Mars fördern. Solch ein Mars-Ritual könnte z.B. durchgeführt werden, um stärker zu werden, um mehr Sex zu haben, um einen Kampf zu gewinnen, um ein Muskelleiden zu heilen usw.

Das zentrale Element eines solchen Rituals wird recht sicher die Anrufung des Gottes Mars sein. Solche Anrufungen sind erfahrungsgemäß ziemlich wirkungsvoll –

167

und folglich sinnvoll. Aber gibt es tatsächlich den Gott Mars? Ist er ein bewußtes Wesen? Oder ist er ein Teil der Welt, also eine Kette von Analogien? Da man die Welt den zehn Planeten entsprechend einteilen kann, ist das „Mars-Zehntel" der Welt real vorhanden. Dem Prinzip „Innen = Außen" zufolge hat dieses „Mars-Zehntel" der Welt auch ein Bewußtsein, mit dem man durch Konzentration und Imagination z.B. durch eine Ritual und eine Anrufung Kontakt aufnehmen kann.

Es bleibt natürlich zunächst einmal unklar, ob das „Mars-Zehntel" ein natürliche Einheit der Welt ist oder ob das eine von Menschen geschaffene Gruppe von Einzelelementen ist. Die Existenz des Planeten Mars am Himmel und seine Bedeutung in der Astrologie geben diesem „Mars-Zehntel der Welt" auf jeden Fall schon mal eine große Beständigkeit – auch wenn sich diese Qualität nicht auf den Tierkreis zurückführen läßt. Aber immerhin ist der Mars mit den Tierkreiszeichen Widder und Skorpion „verwandt".

Diese Betrachtung läßt vermuten, daß die Analogien in der Magie vor allem Konzentrationshilfen, Imaginationshilfen und Hilfen bei dem Vertrauen in die eigene Magie sind – auch wenn die Planeten-Götter ein großes Maß an „natürlicher Realität" zu haben scheinen.

Die Analogiesysteme in der Magie ähneln sehr stark den Analogiesystemen, die bei Orakeln verwendet werden: Es sind von Menschen geschaffene Einteilungen der Welt in bestimmte Grundqualitäten und Grunddynamiken. Ein konkreter Wunsch kann in der Magie an eine solche Grundqualität angeschlossen werden – natürlich an die Qualität, die dem betreffenden Wunsch am ähnlichsten ist.

Da zum einen Orakel und Magie funktionieren und zum anderen die Analogiesysteme auf viele verschiedene Arten aufgebaut sein können, kann man davon ausgehen, daß die Analogiestruktur der Welt wirklich existiert, aber daß man sie auf verschiedene Weise betrachten, ordnen und systematisieren kann.

Daraus kann man schließen, daß auch die Götter als die Verkörperung von Grundqualitäten real existieren. Sie existieren aber vermutlich nur als ein Kontinuum, dessen Einteilung in bestimmte Götter weitgehend willkürlich ist. So gesehen, sind die Götter der verschiedenen Völker alle dasselbe Gottheiten-Kontinuum, sozusagen die „Götter-Ebene" der Welt. Die konkrete Aufteilung dieses Kontinuums in bestimmte Götter ist dann eine Frage der Weltsicht und der Lebensumstände des betreffenden Volkes, das diese Götter verehrt.

Auch hier zeigt sich wieder, daß es zwar die Analogie-Ordnung in der Welt gibt, aber daß es fraglich ist, ob es „natürliche Analogiesysteme" gibt, die nicht erst durch den Menschen als Einteilung erschaffen worden sind. Als „natürliches Analogiesystem" kommen nach den bisherigen Betrachtungen am ehesten der zwölfteilige Kreis und seine sieben Winkel-Qualitäten in Frage.

Diese astrologisch-physikalische Analogie-Struktur ist jedoch offenbar so elastisch und flexibel, daß man sie auf die verschiedenste Weise betrachten und ordnen kann: durch das Tarot, durch das I Ging, durch das Ifa-Orakel, durch das Chakren-System, durch den Lebensbaum, durch die Runen, durch die griechischen Götter, durch die tibetischen Mandalas, durch die vier Elemente usw.

Daß einige dieser Systeme auf einer der sieben Winkel-Qualitäten aufbauen, schmälert nicht die beeindruckende Flexibilität dieser universellen Analogie-Struktur.

V 5. g) Wunder

Man kann, wenn man will, Magie von Wundern unterscheiden – oder die gewöhnliche Magie von der außergewöhnlichen Magie. Telepathie und das telekinetische Bewegen eines Papier-Rädchens sowie das magische Herbeirufen einer neuen Wohnung wären dann gewöhnliche Magie, während das Gehen über Wasser, das unverletzte Liegen auf einen Glutteppich, Levitation (Schweben), das Verwandeln von Wasser in Wein und ähnliches außergewöhnliche Magie wären.

An dem Bewirken, dem Miterleben und den Beschreibungen solcher Wunder fallen gleich mehrere Dinge auf:

1. Diejenigen, die sie durchführen, sind einsgerichtet,
2. sie vertrauen vollkommen auf eine Gottheit oder ein „Prinzip",
3. ihr Wille ist entspannt und
4. sie benutzen keine oder nur minimal Analogien, Imaginationen und Rituale.

Menschen, die Wunder durchführen, scheinen sich ihren Beschreibungen zufolge auf einer anderen Ebene zu befinden, in der alles ohne Abgrenzungen ist und in der alles fließt, in der alles ein Kontinuum ist und in der sich die Inhalte des Bewußtseins sofort in Realität umsetzen.

Das ist offenbar die Ebene der Gottheiten. Auf dem kabbalistischen Lebensbaum ist dies die Sphäre Da'ath. Buddha nennt dies die „vier abgrenzungslosen Eigenschaften eines Erleuchteten".

Die Menschen, die ein Wunder durchführen, haben durchaus eine Weltanschauung, aber sie scheinen sie nicht in Form einer Imagination oder eines Rituals zu verwenden. Sie beschränken sich meist auf extrem schlichte Worte oder Gesten – so hat Christus zu dem toten Lazarus lediglich gesagt „Erhebe Dich."

Man hat den Eindruck, als ob bei Wundern die Ausdehnung des Bewußtseins auf das, was verändert werden soll, weitaus wichtiger ist als die Beachtung von Analogien. Die Analogien existieren natürlich wie u.a. die Astrologie zeigt, aber sie

169

scheinen für die Durchführung von Magie und Wundern nur von nebensächlicher Bedeutung zu sein – wobei man die Funktion der Analogien als Konzentrations- und Imaginationshilfe nicht unterschätzen sollte.

Das überzeugendste Argument für diese Sicht auf die Analogien stammt aus der Magie selber:

- Man kann Rituale durchführen, in denen man eine Vielzahl von korrekten Analogien verwendet, die aber aufgrund des Mangels an Entschlossenheit, Wille, Konzentration und lebendiger Imagination keinerlei Wirkung haben.

- Andererseits kann eine kurze, entschlossene und von einer lebhaften Imagination begleitete Geste eine große magische Wirkung haben.

- Letztlich ist die spontan auftauchende und zugleich entspannte Überzeugung, daß genau das kommen wird, was man gut findet, die effektivste Form der Magie. Bei dieser Form der Magie, die sich auch bei den Wundern findet, gibt es in dem Bewußtsein keinerlei Zweifel an der Wirksamkeit dessen, was man will und was man tut, d.h. es gibt keinerlei Zweifel daran, daß man das erreichen wird, was man will.

Es hat also den Anschein, als ob sowohl Magie als auch Wunder letztlich nichts anderes als die Überwindung der Trägheit des Bewußtseins und der Materie sind – was letztlich natürlich dasselbe ist. Wenn diese Trägheit durch Konzentration und Imagination oder in einem fortgeschrittenen Stadium des Magiers durch Überzeugung und entspannte Gelassenheit überwunden worden ist, setzt sich das, was im Bewußtsein ist, spontan und ohne Aufwand in die Realität um. Dann kann man „Berge versetzen".

Das Problem ist lediglich, daß dieser Zustand nicht so einfach zu erreichen ist – oder anderes gesagt: die Trägheit des Bewußtseins und der Materie sind nicht so einfach aufzulösen.

V 5. h) Qualität, Analogie und Quantität

Die Lebenskraft (der Übergang von Bewußtsein zu Materie) hat klare Qualitäten, aber ihre Quantität kann nicht direkt gemessen werden, auch wenn das Maß an Konzentration auf eine Qualität einer Quantität schon sehr nahe kommt.

Im materiellen Bereich gibt es klare Quantitäten, aus deren Verhalten sich die physikalischen Gesetze ergeben.

Im Bereich der Lebenskraft verhalten sich gleiche Dinge auf gleiche Weise – das ist

170

das Prinzip der Analogie. Die heute vermutlich bekannteste Anwendung dieses Prinzips ist (neben den Woodoo-Püppchen) vermutlich die Homöopathie, die nach dem Prinzip „Gleiches heilt Gleiches" vorgeht und die im Bereich der Lebenskraft wirkt. „Gleich" bedeutet in diesem Zusammenhang, daß zwei Dinge die gleiche Qualität, also die gleiche Struktur, die gleiche Dynamik, das gleiche Verhalten haben.

Warum erscheinen im Bewußtsein (und daher auch in der Lebenskraft) Qualitäten und in der Materie Quantitäten? Die Antwort ist einfach: Materie ist meßbar, da ihre Einheiten abgegrenzt ist – das Bewußtsein ist nicht abgegrenzt, weshalb dort nur Qualitäten erkennbar sind.

Dieses Prinzip findet sich auch in Da'ath auf dem Lebensbaum:

- Dort findet sich keine Materie mehr, sondern nur noch Energie. Im Gegensatz zu den Elementarteilchen, also zur Materie, haben Energiequanten keine feste Außenhülle, d.h. sie können nicht aneinander stoßen, sondern überlagern sich (zwei Lichtstrahlen stoßen nicht aneinander).

- Da'ath ist der Bereich der Gottheiten, deren Wesen zwei Merkmale hat: Sie haben eine klare Qualität und sind grenzenlos.

- Wenn man in der Meditation nach Da'ath kommt, erlebt man einen sehr deutlichen Übergang: Man springt in einen bodenlosen Abgrund und es gibt keinen Halt und keine Grenzen mehr.

Auch das Erlebnis der eigenen Individualität verändert sich in Da'ath grundlegend: Man definiert sich nicht mehr durch eine Grenze nach außen hin („Materie-Prinzip"), sondern nur noch durch die eigene Qualität („Energie-Prinzip"). Dieser Übergang kann eines der heftigsten Erlebnisse in der Meditation sein.

Diese Betrachtung zeigt, daß man dann, wenn man sich der Einheit, also dem Bewußtsein annähert, von abgegrenzten Quantitäten zu abgrenzungslosen Qualitäten gelangt.

Die Quantitäten sind die Grundlage der Kausalität – die Qualitäten sind die Grundlage der Analogien.

V 5. i) Die Analogie-Struktur des Röhrenmodells

Was läßt sich über den durch Analogien geprägten Aufbau des Röhrensystems sagen?

Die Analogien sind zunächst einmal eine genauso grundlegende Eigenschaft der Welt wie die Kausalität: Beide sind allgegenwärtig und prägen alle Dinge und wirken auch im ganz Kleinen.

Man kann die Kausalität in viele verschiedene Formeln zusammenfassen, die von dem grundlegenden „$E=m \cdot c^2$" über die Bildung von Kochsalz (NaCl) und das Verschreiben eines Heilmittels bis hin zu konjunkturfördernden Maßnahmen in einer Volkswirtschaft reichen. Die Grundlage all dieser Formeln bleibt immer die Kausalität – egal, von welchem Standpunkt aus man schaut.

Man kann die Analogien ebenfalls in viele verschiedene Qualitäten gliedern, die von der Astrologie über den Lebensbaum bis zu den Runen reichen. Die Grundlage all dieser Qualitäten bleibt immer die Analogie – egal, von welchem System aus man schaut.

Die allgegenwärtige Wirksamkeit der Kausalität ist leicht verständlich – ganz einfach deshalb, weil man aus dem Alltag und aus unserem Weltbild heraus an sie gewöhnt ist. Es ist einfach, die Vorgänge in der Welt auf die Vorgänge zwischen den Atomen zurückzuführen und schließlich als Grundlage der Welt ein komplexes mathematisch-physikalisches System von kausalen Wechselwirkungen zu sehen.

Die allgegenwärtige Wirksamkeit der Analogien sind nicht so einfach zu begreifen – einfach deshalb, weil sie ungewohnt sind. Doch warum sollte nicht jedes Elementarteilchen in der Welt nicht nur physikalische Eigenschaften, sondern auch Analogie-Qualitäten haben?

So wie die Welt als Ganzes sich kausal entwickelt, so kann sie sich auch als Ganzes in Analogien entwickeln.

Die natürlichen Formen der Analogie sind der Tierkreis und die sich aus ihm ergebenden Aspekte, d.h. die sieben Winkel-Qualitäten. Diese Zwölferstruktur und diese Winkel-Qualitäten sind allgemeingültig. Sie bilden die Grundlage des „Analogie-Kontinuums" – so wie die die Naturgesetze die Grundlage des „Kausalitäts-Kontinuums" bilden.

Vermutlich hat alles eine zwölfgeteilte „Aura", die als die Superstrings, als Horoskope, als der Tierkreis der Erde usw. in Erscheinung tritt.

Ob es eine über die Zwölfterteilung des Kreises und die sieben Winkel-Qulitäten hinausgehende Analogie-Ordnung in der Welt gibt, ist zweifelhaft – zumindestens haben sich dafür bisher keine Anhaltspunkte gefunden.

172

V 6. Die Zeit

Die Zeit ist eine der vier Dimensionen der Raumzeit – in der einfachen Darstellungsform gehört sie zu der Gruppe „Breite, Höhe, Länge, Zeit"; in der vollständigen Form zu der Gruppe „Zeit, drei ausgedehnte Raumdimensionen, sechs subatomare Raumdimensionen, eine zusammenfassende Raumdimension", die von der Superstringtheorie beschrieben wird.

Sie ist somit ein Teil des Fundaments aller existierenden Dinge, da sich alles auf Krümmungen der Raumzeit zurückführen läßt.

In der Physik können Anti-Teilchen auch als Teilchen aufgefaßt werden, die sich in der Zeit „rückwärts" bewegen, also von der Zukunft in die Vergangenheit fliegen.

In der Magie zeigt sich, daß man in die Zukunft sehen und sich an frühere Leben erinnern kann. Die Astrologie zeigt deutlich, daß die Qualitäten zukünftiger Zeitpunkte bereits heute festliegen.

Es hat somit den Anschein, als ob es für die Zeit zwar eine feste Fließrichtung von der Vergangenheit in die Zukunft geben gibt, aber als ob sich zumindestens das Bewußtsein auch von der Gegenwart fort in die Zukunft und in die Vergangenheit bewegen könnte.

Diese „Bewußtseinszeitreisen" sind in dem Röhrenmodell Bewegungen des Bewußtseins im Inneren des Röhrensystems, das ja die Darstellung der Welt als zwölfgeteilte Kreise, die sich durch die Zeit bewegen, ist. Die Möglichkeit der „Bewußtseins-Zeitreise" ergibt sich schon aus dem Bild des Röhrenmodells.

Möglicherweise ist die Sache mit der Zeit auch in der Physik komplexer als man bisher meist annimmt – darauf könnten die Anti-Teilchen ein Hinweis sein.

V 7. Die Erhaltungssätze

In der Physik sind die Erhaltungssätze eine der wichtigsten Grundlagen überhaupt. Sie besagen, daß nichts aus dem Nichts heraus entstehen kann und daß nichts einfach verschwindet. Noch präziser formuliert lautet einer dieser Erhaltungssätze wie folgt: „Die Summe der Masse in einem abgeschlossenen System bleibt gleich." Dasselbe gilt auch für die Energie, den Impuls, die elektrische Ladung, die Farb-Ladung der Quarks, den Spin (Eigenrotation der Elementarteilchen) usw.

Jede grundlegende Eigenschaft der Elementarteilchen, die sich nicht in eine andere verwandeln läßt, kann in einem abgeschlossenen System nicht mehr oder weniger werden.

Daher stimmt der Erhaltungssatz „Die Summe der Masse in einem abgeschlossenen System bleibt gleich." nicht ganz, sondern lautet genau genommen „Die Summe der Masse und Energie in einem abgeschlossenen System bleibt gleich." Das liegt daran, daß sich Energie in Masse verwandeln kann und umgekehrt („$E = m \cdot c^2$").

Wo findet sich dieses Prinzip der Erhaltungssätze in der Magie oder in der Astrologie? Auch in der Magie gibt es keine Wirkung ohne Ursache – aber das ist eher eine Analogie zur Kausalität als zu den Erhaltungssätzen (auch wenn sich die Kausalität aus den Erhaltungssätzen ableiten läßt).

In der Astrologie findet sich das Festgelegtsein der Zeit-Qualitäten – aber auch das ist eher ein Hinweis auf die grundlegenden Eigenschaften der Zeit und der Kausalität (die ja die zeitliche Entwicklung von Situationen ist) als ein Hinweis auf Erhaltungssätze.

Sollte es die Erhaltungssätze nur in der Physik geben, da die Physik die materielle Welt beschreibt, die vollständig determiniert ist?

Gibt es die Erhaltungssätze in der Magie und Astrologie nicht, weil das Bewußtsein frei ist? Oder gibt es sie dort ganz einfach deshalb nicht, weil Magie und Astrologie eben keine Quantitäten (Mengen), sondern Qualitäten betrachten? Qualitäten haben keine Mengenangaben und können folglich auch nicht daraufhin untersucht werden, ob ihre Mengen gleich bleiben …

Gibt es denn in der Magie und Astrologie etwas, was den Erhaltungssätzen entspricht? Das könnte am ehesten die Erhaltung der Analogiestruktur sein:

> - Da die Physik Quantitäten betrachtet, findet sie die Erhaltungssätze, die sich auf die Quantitäten (Mengen) beziehen – die Erhaltung der Quantitäten von Masse/Energie, Impuls, elektrischer Ladung, Farbladung, Spin usw.

> - Da die Magie Qualitäten betrachtet, findet sie die Erhaltungssätze, die sich auf die Qualitäten (Analogien) beziehen – die Erhaltung der Ordnung der Analogien des Tierkreises und der sieben Winkel-Qualitäten.

V 8. Allgemeine Prinzipien

Man kann nun noch schauen, ob es innerhalb des Röhrenmodells, das das physikalische und das magische Weltbild zusammenfaßt, Aussagen gibt, die in beiden Weltbildern zutreffen. Das wären dann nicht nur physikalische Formeln oder magische Analogien, sondern allgemeinere Aussagen, die sowohl in der Physik als auch in der Magie zutreffen – sozusagen „magisch-physikalische Prinzipien".

Diese Aussagen sind jetzt natürlich nur erste Konturen und Skizzierungen, also Versuche, das „Grundgerüst" des Röhrenmodells zu erfassen.

1. **Einheit und Vielheit**: Die Welt ist an ihrer Wurzel eine Einheit, die in ihrer Krone eine differenzierte Gestalt hat.

2. **Innen und Außen**: Das Innen (Bewußtsein) entspricht dem Außen (Materie). Innen wirkt auf Innen, Innen auf Außen, Außen auf Innen und Außen auf Außen. Innen und Außen sind gleich real und gleich wirksam.

3. **Kausalität und Analogie**: Die Welt ist gleichermaßen durch die Kausalität und durch die Analogien geordnet.

4. **Erhaltungssätze**: Die Quantität (Mengen) und die Qualität (Analogien) aller Dinge in der Welt bleiben erhalten: Nichts kommt aus dem Nichts; Nichts geht ins Nichts.

5. **Ursache und Wirkung**: Ursachen haben eine Wirkung; Wirkungen haben eine Ursache. Das gilt sowohl für quantitative Veränderungen (Physik) als auch für qualitative Veränderungen (Magie, Astrologie).

6. **der zwölfgeteilte Kreis**: Alle Systeme haben die Grundstruktur eines zwölfgeteilten Kreises, was die sieben Winkel-Qualitäten mitbeinhaltet. Der zwölfgeteilte Kreis ist im Innen der Tierkreis und im Außen der Superstring.

7. **Entfaltung**: Alle Systeme entfalten und entwickeln sich entsprechend dem „Dreischritt", der in seiner Grobstruktur dem Chakrensystem und dem Umraum der Sonne gleicht und in seiner differenzierten Struktur dem kabbalistischen Lebensbaum entspricht.

8. **Veränderung**: Die Betonung eines Elementes in einem Muster verändert das Muster – egal, ob die Betonung durch die physikalische Veränderung einer Quantität oder durch die magische Betonung einer Qualität bewirkt wird.

9. **Trägheit**: Die relative Beständigkeit und Berechenbarkeit der Welt liegt

175

an der Trägheit der Materie und des Bewußtseins. Je beweglicher und eins-gerichteter und somit auch weniger träge das Bewußtsein ist, desto weniger ist die auch die Materie träge – dann kann das Bewußtsein die Materie zuneh-mend frei gestalten: Magie und Wunder ...

V 9. Kausalität, Analogie und Magie

Es scheint mindestens drei grundlegende Strukturen bzw. Dynamiken in der Welt zu geben, durch die die Formen, Abläufe und Möglichkeiten in ihr geprägt werden: die Kausalität, die Analogien und die Magie. Es könnte daher hilfreich sein, sich das genaue Verhältnis zwischen diesen drei Prinzipien noch etwas genauer anzusehen.

V 9. a) Kausalität

Von den genannten drei Prinzipien ist die Kausalität am einfachsten zu beschreiben, da unsere derzeitige Zivilisation fast ausschließlich auf diesem Prinzip beruht.

Jede Ursache hat eine Wirkung, die sich vollständig aus diesen Ursachen ergibt. Wenn man eine Situation vollständig in jedem Detail kennt, kann man die zukünftige Entwicklung dieser Situation folglich präzise voraussagen. Auf diesem Prinzip beruht z.B. die Möglichkeit, Raumsonden von der Erde bis zum Pluto zu schicken und dort Aufnahmen des Plutos, Untersuchungen seiner Atmosphäre, Messungen seines Magnetfeldes usw. durchzuführen.

Dabei wird die Entwicklung im zeitlichen Verlauf betrachtet. Die Beschreibung dieses Verlaufes beruht im Kern auf der Physik, deren Formeln wiederum die mathematischen Ausformulierung der Erhaltungssätze sind. Diese Erhaltungssätze besagen ganz schlicht, daß nichts einfach verschwinden oder aus dem Nichts heraus entstehen kann. Daraus ergibt sich dann ein bestimmtes Verhalten der Materie und der Energie. In diesem Weltbild ist alles vollständig determiniert.

Die nicht-determinierten Phänomene wie der nur statistisch festgelegte Zerfall von Teilchen oder die virtuellen Teilchen finden sich nur im subatomaren Bereich. Dort sind die betrachteten Teilchen so klein, daß sie sich nicht mehr ausschließlich wie kleine Kugeln verhalten – in diesem Bereich der winzigen Größen zeigt sich, daß alle Teilchen eigentlich Krümmungen der Raumzeit sind und daher keine scharfen Grenzen haben, sondern „am Rand abgeflachte Hügel" in der Raumzeit sind.

Diese nicht-determinierten Phänomene im subatomaren Bereich haben jedoch keine Auswirkungen darauf, daß sich in unserem Alltag mit seinen „normalen Größen" alle Dinge determiniert verhalten, also sich auf vorhersehbare Weise entwickeln.

V 9. b) Analogie

Die Existenz von Analogien läßt sich auf zwei Weisen ohne großen Aufwand zeigen: zum einen durch die Astrologie und zum anderen durch Analogiesysteme wie den kabbalistischen Lebensbaum.

Bei genauerer Betrachtung zeigt sich jedoch, daß es verschiedene Arten von Analogien gibt, die in verschiedenen Zusammenhängen auftreten:

1. physikalische Formeln: Durch die Beobachtung der Natur sind im Laufe der Zeit immer genauerer Beschreibungen der Vorgänge in ihr entstanden.

Durch das genaue Messen konnten schließlich die physikalischen Formeln wie z.B. „Kraft = Masse · Beschleunigung" oder „Impuls = Masse · Geschwindigkeit" formuliert werden. Diese Formeln zeigen, daß sich gleiche Vorgänge auf immer gleiche Weise entwickeln: Diese Vorgänge verhalten sich analog zueinander. So betrachtet sind die physikalische Formeln „quantitative Analogien".

Diese Analogien, also die physikalischen Formeln, zeigen, daß die materielle Welt eine Einheit ist, deren Teile sich überall auf dieselbe Weise verhalten. Dadurch ist die Welt auf einer grundlegenden Ebene eine organische Einheit.

2. Astrologie: Auch die Astrologie ist durch die Beobachtung der Natur entstanden – nur wurden hier nicht Mengen und Größen betrachtet, sondern Qualitäten und Intensitäten.

Dadurch hat sich gezeigt, daß die Ereignisse in der Welt nicht nur den Regeln der Kausalität folgen, sondern daß sie auch einen gemeinsamen Rhythmus haben – die Ereignisse in dieser Welt führen einen gemeinsamen Tanz auf.

Man kann für alle Wesen und Dinge ein Horoskop berechnen, das den Charakter und den Lebensstil dieser Wesen und Dinge beschreibt. Mithilfe des Vergleichs des Horoskops z.B. eines Menschen mit dem Stand der Planeten zu einem bestimmten Zeitpunkt läßt sich auch der augenblickliche Zustand dieses Menschen beschreiben. Die Astrologie ist also ein alles umfassendes Ordnungsprinzip.

Schließlich kann man mithilfe der Astrologie auch Ereignisse und Entwicklungen berechnen, die noch in ferner Zukunft liegen.

Diese Form der Analogien ist wie die Gesamtheit der Formeln der Physik bereits in der Welt vorhanden – sie kann durch den Menschen beobachtet und beschrieben werden.

3. Orakel: Hier verhält es sich ein wenig anders. Man kann die

verschiedensten Systeme benutzen, um eine Antwort auf die Frage nach der Qualität eines Augenblick oder nach der voraussichtlichen Entwicklung einer Situation zu erhalten. Dazu verwendet man Tarotkarten, das I Ging, die Runen oder ein anderes System, dessen Teile ein vollständiges Bild der Welt darstellen.

Genau genommen ist der Unterschied zwischen der Astrologie und z.B. dem Tarot aber nicht so groß, wie es auf den ersten Blick zu sein scheint. Der Unterschied besteht vor allem darin, daß bei der Astrologie ein System benutzt wird, das schon unabhängig vom Menschen da ist (die Stellung der Planeten), um zu Aussagen über die augenblickliche Qualität zu gelangen – während z.B. beim Tarot erst ein System (die Tarotkarten) geschaffen werden mußte, um zu diesen Aussagen zu gelangen.

Bei der Astrologie betrachtet man einen Teil der Welt (die Planeten), um dann mithilfe von Analogien auf den Zustand aller Teile in dieser Welt zu schließen (z.B. als Horoskop), während man beim Tarot ein menschen-geschaffenes System benutzt, um von ihm aus die Antwort auf die gestellte Frage als Analogie zu den „per Zufall" gezogenen Karten zu erschließen. Das Ziehen der zu der Frage passenden Karten ist natürlich kein Zufall, sondern die Analogie zwischen den Tarotkarten als Bild der Welt und der Welt selber.

4. <u>Omen</u>: Bei den Omen verhält es sich noch einmal etwas anders als bei der Astrologie (bei der man stets auf die Planeten schaut) und bei den Orakeln (bei denen man stets auf ein „Bild der Welt" schaut). Bei der Beachtung von Omen ist man einfach aufmerksam auf Dinge, die sich ereignen und die auf irgendeine Weise auffällig sind.

Dies kann der auffällige Flug eines Vogels sein oder eine kurze Begegnung, bei der man von einem Unbekanntes etwas Hilfreiches gesagt bekommt oder auch komplexere Ereignisse wie z.B. drei Pfeile, die man plötzlich vor sich auf der Wiese entdeckt, über die man geht, und deren Zustand und Anordnung einem die Antwort auf die Frage nach der eigenen Beziehung zu einem Paar gibt, mit dem man befreundet ist und über das man gerade intensiv nachge-dacht hat.

Bei einem Omen gibt es kein dauerhaftes System wie bei der Astrologie und auch kein von Menschen erschaffenes und ausgewähltes System wie das I Ging, sondern sozusagen ein „spontanes System", das sich in der betreffen-den Situation als Analogie zu dem zeigt, was einen gerade intensiv beschäf-tigt hat. Genau genommen sind Omen kein System, sondern das spontane Auftreten einer Analogie und das Begreifen dieser Analogie.

Am Anfang steht die eigene intensive Beschäftigung mit einem Thema. Dieses mit intensiven Gefühlen aufgeladenen Thema in der eigenen Psyche ruft dann eine Analogie zu diesem Thema und allen seinen Facetten im Außen in der Form eines auffälligen Ereignisses hervor. Da dieses Omen, also das auffällige Ereignis, nicht nur die Frage des Betreffenden, sondern seine gesamte Situation spiegelt, kann dieses Omen als eine Antwort auf die Frage des Betreffenden erlebt werden.

Das Omen ist eine Analogie zu dem gesamten inneren Zustand eines Menschen in Bezug zu einem bestimmten Thema. Daher kann das Omen als Spiegelung dieser inneren Gesamtheit diesem Menschen helfen, sich selber zu erkennen und dadurch eine Antwort auf die Frage zu seinem Thema zu finden.

5. Ordnungs-Prinzipien: Der kabbalistische Lebensbaum, das I Ging, die Mandalas u.ä. Systeme zeigen, daß es in der Welt vielfältige Formen von Analogien gibt, die man als verschiedene Systeme darstellen kann. Alle diese Systeme wirken gleichermaßen überall.

Diese Systeme können wie der Lebensbaum auf dem Dreischritt beruhen, oder wie das I Ging auf dem Ergänzungs-Gegensatz oder wie die Mandalas auf der Kombination verschiedener Prinzipien. (Bei Mandalas sind dies meist die „4" der Elemente und die „3" der Entwicklung).

Wie die Orakelsysteme zeigen, kann man die Welt aber nicht nur mithilfe von Analogie-Systemen strukturieren, die sich von einer der Qualitäten der Tierkreis-Winkel ableiten lassen, sondern auch von relativ willkürlichen Systemen wie der Folge der Runen.

6. allgemeine Analogie-Ordnung: Die Astrologie, die Orakel und die Omen zeigen, daß es in der Welt eine allgemeine Analogie-Ordnung gibt, die man auf vielfältige Weise erfassen kann.

Während die physikalischen Formeln „Quantitäts-Analogien" sind, sind die Analogien in der Magie und in der Astrologie „Qualitäts-Analogien".

7. Wunsch und Wirkung: Noch eine andere Form der Analogie ist der Zusammenhang zwischen Wunsch und Wirkung bzw. zwischen Angst und Wirkung: Das Gefühl im Innen ruft das zu ihm passende Ereignis im Außen herbei.

Dieses Prinzip macht man sich in der Magie zunutze, aber es ist auch die Grundlage der Omen, bei denen spontan im Außen ein Ereignis oder eine Situation auftritt, die dem emotional stark aufgeladenen Thema im eigenen Inneren entspricht. Das Omen läßt die Strukturen und Dynamiken in diesem Thema deutlicher werden.

180

Letztlich gibt es in dieser Vielfalt von Analogien zwei Grundformen:

1. Es gibt eine allgemeine Analogie-Ordnung im Außen, die man mithilfe der Astrologie und der Orakel wahrnehmen kann (Qualitäts-Analogien) und die auch die Grundlage der Formeln der Physik ist (Quantitäts-Analogien).

2. Es gibt die „magischen Analogien", durch die ein intensiver innerer Zustand, der meist mit einem inneren Bild verbunden ist, ein entsprechendes äußeres Ereignis hervorruft – also eine Analogie zwischen Innen und Außen, d.h. zwischen dem Bewußtsein und der Materie.

Wenn dies spontan geschieht, ist dies entweder ein Omen oder eine spontane Wunscherfüllung; wenn dies absichtlich mithilfe von „Wille und Imagination" geschieht, ist dies Magie.

Man kann jedoch beide Formen der Analogie als zwei Seiten einer grundlegenden Analogie-Ordnung in der Welt auffassen.:

- Die allgemeinen Analogien werden durch die Betrachtung der Welt sichtbar;

- die magischen Analogien werden durch die individuelle magische Handlung sichtbar.

Wenn die Analogie-Ordnung genauso eine grundlegende Eigenschaft der Welt wie die Kausalität ist, sollte sie auch auf diese beiden Weisen in Erscheinung treten können – also im Zusammenhang mit der Wahrnehmungsfähigkeit und im Zusammenhang mit der Handlungsfähigkeit.

Das Paar „Wahrnehmungsfähigkeit und Handlungsfähigkeit" ist natürlich wieder eine Unterscheidung aus der Sicht der Kausalität, die die zeitlichen Entwicklungen betrachtet – aus der magischen Sicht kann man schlicht sagen, daß ein Ereignis in Analogie zu einem Menschen (und dessen Wahrnehmungen und Handlungen) steht.

Diese allgemeine Analogie-Ordnung bewirkt, daß

„Gleiches Gleiches herbeiruft",
„Gleiches Gleiches bewirkt",
„Gleiches auf Gleiches wirkt",
„Gleiches sich gleich entwickelt",
„alles die gleiche Struktur hat"
usw.

181

Diese grundlegende Analogie-Ordnung hat offenbar mehrere Eigenschaften:

1. Sie ist <u>allumfassend</u>. Sie strukturiert die gesamte Welt.

2. Sie kann auf die <u>verschiedensten Weisen</u> betrachtet werden. Sie kann mithilfe der Astrologie beschrieben werden und ebenso mithilfe des Tarots, des Lebensbaumes, der Chakren, der Runen, des I Gings, der Bachblüten, des Ifa-Orakels, der Omen usw. Es gibt nicht die eine Analogieordnung, sondern eine Vielfalt von möglichen Analogie-Ordnungen – die Analogieordnung ist eine Grundeigenschaft der Welt wie die Kausalität.

Das bedeutet, daß die Analogie-Ordnung sozusagen „plastisch" ist, daß sie keine andere Formen ausschließende „Form an sich" hat, daß sie von den verschiedensten Richtungen und Standpunkten aus betrachtet werden kann und sozusagen unendlich viele Gestalten annehmen kann.

3. Die Analogie ist wie die Kausalität auch ein <u>Wirkungs-Zusammenhang</u>. Dies zeigt sich u.a. in der Magie, in den Omen und in der Homöopathie, die alle auf einem Wirken von Analogien beruhen.

Die Analogien in der Welt sind somit 1. allumfassend, 2. „gestaltlos-plastisch" und 3. wirksam.

Als natürliche Form der Analogien findet sich der zwölfteilige Kreis mit seinen sieben Winkel-Qualitäten.

<u>V 9. c) Magie</u>

Man kann die Magie als wirksame Analogie zwischen zwei Dingen auffassen: zwischen den mithilfe von Emotionen oder Konzentration aufgeladenen Inhalten des Bewußtseins im Innen und den diesen Inhalten entsprechenden Ereignissen im Außen.

Man kann die Magie jedoch auch als eine Ausweitung des Bewußtseins ansehen, bei der sich das Bewußtsein, also der Wille und die Imagination des Magiers oder der Magierin, sich auf Wesen und Dinge in der Welt ausweitet und die Ereignisse in der Welt entsprechend den eigenen Wünschen prägt und lenkt.

Bei der Herstellung eines Talismans, der bei dem Finden einer passenden Wohnung helfen soll, liegt zunächst einmal die Beschreibung mithilfe des Analogie-Modells nahe. Aber man kann diesen Vorgang auch als eine Ausweitung des Bewußtseins des Magiers auf eben diese passende Wohnung ansehen.

Bei der Hypnose, der Telepathie und der Telekinese wird man zunächst einmal an eine Ausdehnung des Bewußtseins auf andere Menschen, Wesen und Dinge denken, aber auch hier könnte man diese Vorgänge als eine Analogie zwischen dem Magier und dem, worauf er Einfluß nimmt bzw. über das er etwas in Erfahrung bringt, beschreiben.

Bei der Homöopathie wird durch die Einnahme des Kügelchens eine Analogie zwischen dem Patienten und der Substanz, aus der das Kügelchen hergestellt worden ist, geschaffen. Man könnte aber auch sagen, daß das Bewußtsein der Kügelchen-Substanz auf den Patienten ausgedehnt wird.

Wenn sich zwei Dinge (wie hier die Analogie-Wirkung und die Bewußtseins-Ausweitung) nicht unterscheiden lassen, müssen sie letztlich dasselbe sein. Nur das, was man unterscheiden kann, kann auch verschieden sein.

Diese Argumentation hat auch Albert Einstein bei der Entwicklung seiner Relativitätstheorie angewendet: Es gibt Situationen, in denen sich die Schwerkraft nicht von der Fliehkraft unterschieden werden kann – folglich müssen beide dieselbe Kraft sein.

Man kann sich hier also Einstein anschließen und sagen, daß die Analogien und die Bewußtseins-Ausweitung dasselbe sein müssen, weil man in der Magie nicht zwischen ihnen unterscheiden kann.

Es stellt sich natürlich die Frage, was diese Gleichheit von Analogie-Wirkung und Bewußtseins-Ausweitung bedeutet.

In Bezug auf die Magie ist bekannt, daß sich alle Dinge erst einmal kausal entwickeln – solange sich nicht das Bewußtsein einmischt und eine magische Wirkung hervorruft. Die Materie ist also nicht vollständig kausal festgelegt, sondern lediglich träge, wodurch sie sich innerhalb der normalen Determiniertheit (Kausalität) und entsprechend der Erhaltungssätze auf vorhersehbare Weise verhält.

Auch das Bewußtsein hat diese Trägheit und neigt dazu, in seinem Trott zu verharren. Es kann sich jedoch auch konzentrieren und dadurch seine Wahrnehmungs- und Handlungs-Reichweite ausdehnen und dann schließlich eine magische Wirkung hervorrufen. Dieses Ausdehnen des Bewußtseins kann man genausogut als das Aktivieren von Analogien auffassen.

Sowohl in der Materie als auch im Bewußtsein liegt also eine Trägheit vor, die eng mit der Kausalität und der Determiniertheit verbunden ist. Diese Trägheit kann jedoch durch das Bewußtsein überwunden werden – worin sich letztlich die Freiheit des Bewußtseins zeigt.

Wenn das Bewußtsein versucht, die Trägheit der Materie zu überwinden und dadurch magisch wirksam zu werden, konzentriert es sich auf ein Bild, ein Gefühl o.ä., also auf eine Qualität. Das Bewußtsein wird also im Bereich der Qualitäten aktiv – was oft auch als „die Lebenskraft lenken" erlebt und umschrieben wird.

Die Konzentration auf eine bestimmte Qualität im Innen ruft dieselbe Qualität im

Außen herbei. Es entsteht also eine gezielt angestrebte Analogie zwischen dem Innen und dem Außen. Wenn diese Analogie im Außen zu dem „mit Lebenskraft aufgeladenen" Bild im Innen entsteht, kann man auch sagen, daß sich das Bewußtsein des Betreffenden auf diese Analogie im Außen ausgedehnt hat.

Es gibt also keinen Unterschied zwischen der Analogie-Aktivierung und der Bewußtseins-Ausdehnung:

- Die Beschreibung der Überwindung der Trägheit von Bewußtsein (Konzentration) und Materie (magische Wirkung) als „Analogie-Aktivierung" betrachtet den Vorgang von der Entstehung einer Analogie her.

- Die Beschreibung der Überwindung der Trägheit von Bewußtsein (Konzentration) und Materie (magische Wirkung) als „Bewußtseins-Ausweitung" betrachtet den Vorgang von der Tätigkeit des Bewußtseins her.

Das Bewußtsein bewegt sich in Qualitäten – was automatisch zu einer durch Analogien geprägten Beschreibung der Bewußtseins-Vorgänge führt, da die Inhalte des Bewußtseins aus Qualitäten mit bestimmten Intensitäten bestehen. Das Bewußtsein agiert also in der Magie ständig im Bereich der Analogien – die Analogien sind die Qualitäten-Landkarte, in denen das Bewußtsein des Magiers wandert und handelt.

Das Prinzip der Analogie-Ordnung und das Prinzip „Innen = Außen" sind also letztlich dasselbe Prinzip, das die Qualitäten-Seite der Welt beschreibt – im Gegensatz zur Physik, die die Quantitäten-Seite der Welt beschreibt.

C Eine neue Sicht

Nachdem nun zumindestens eine erste Skizze des einheitlichen Weltbildes formuliert worden ist, kann man auch noch schauen, welche Auswirkungen diese Skizze auf das derzeitige Weltbild haben könnte bzw. wo es Anknüpfungspunkte dieses Modells an das derzeitige Weltbild gibt.

VI Das Gesamtbild

Das Röhrenmodell ist die Skizze eines Gesamtbildes der Welt, in der u.a. das Bewußtsein und die Materie gleichberechtigt erscheinen.

Das Bewußtsein ist die Innenseite der Welt – die Materie ist die Außenseite der Welt. Beides wirkt aufeinander: Materie auf Materie, Materie auf Bewußtsein, Bewußtsein auf Materie (einschließlich Telekinese) und Bewußtsein auf Bewußtsein (einschließlich Telepathie).

- Die Materie-Seite der Welt wird durch Quantitäten beschrieben, deren Betrachtung zu dem Erkennen der Erhaltungssätze und der Kausalität führt.

- Die Bewußtseinsseite der Welt wird durch Qualitäten beschrieben, deren Betrachtung zu dem Erkennen der Erhaltung der Analogieordnung und zu dem Erkennen der Analogie-Wirkung führt, die eine Ausdehnung des Bewußtseins ist.

Das Röhrenmodell beschreibt die Welt als eine „differenzierte Einheit":

- Die „innere Seite" dieses Modells ist die grundlegende Einheit (Materie: Raumzeit; Bewußtsein: „Gott").

- Die „äußere Seite" dieses Modells ist die Vielfalt der Erscheinungen (Materie: Teilchen; Bewußtsein: Analogien).

Die gleichzeitige Wirkung der Quantitäten-Gesetze (Kausalität) und der Qualitäten-Gesetze (Analogien) führt zu einer Kaleidoskop-artigen Entfaltung der Welt.

185

Die Trägheit der Materie läßt die Welt beständig und ausschließlich kausal erscheinen.

Die Trägheit des Bewußtseins läßt das Bewußtsein abgegrenzt erscheinen – diese Trägheit erschafft die Bewußtseinsschwellen, die durch eine ausreichende Konzentration aufgelöst werden können.

VII Die „Eltern-Epoche"

Es ist kein Zufall, daß dieses Buch gerade im Jahr 2021 geschrieben wird. Es gehört zu einer großen Anzahl ähnlicher Vorgänge, die alle dieselbe Qualität und Ausrichtung haben und daher Analogien zueinander sind.

Viele von ihnen wirken eher unbemerkt im Kleinen, aber manche von ihnen auch im Großen wie die folgenden Dinge:

- die Gründung der UNO nach dem zweiten Weltkrieg als Koordinationssystem der Staaten, das vor allem die Aufgabe der Vermeidung von Kriegen hat;

- die damit eng zusammenhängenden Abrüstungsbestrebungen, die durch die Möglichkeit der Selbstvernichtung der Menschen durch ihre Atombomben dringend erforderlich geworden ist;

- der Umweltschutz einschließlich der Reduzierung der Klimaerwärmung, der Müllvermeidung und der rein biologischen Erzeugung von Nahrungsmitteln;

- die Abbremsung der Überbevölkerung;

- das Beenden von Hungersnöten;

- das Beenden des Artensterbens;

- usw.

Alle diese Initiativen im Großen und Politischen sowie auch die vielen Initiativen im Kleinen und Privaten richten den Blick auf das Ganze und haben die Erhaltung der Menschheit als Art auf diesem Planeten zum Ziel. Sie sehen die Menschheit als Ganzes und nicht nur den einzelnen Menschen oder den einzelnen Staat.

Die Erkenntnis, daß man sich auf der Erde nicht vollständig von den anderen abgrenzen kann, sondern daß die Menschheit ein Gesamtsystem ist, entspricht der Abgrenzungslosigkeit, die in diesem Buch schon mehrmals beschrieben worden ist und die auch eine der Grundeigenschaften des Bewußtseins ist.

Daher ist es nicht verwunderlich, wenn in dieser Epoche, die ungefähr in den 20 Jahren nach dem Zweiten Weltkrieg begonnen hat, auch nach einem umfassenden, einheitlichen Weltbild gestrebt wird. Das vorliegende Buch ist ein Teil dieser Bestrebungen.

VII 1. Die sieben Epochen

Die Epoche, die vor ca. 65 Jahren begonnen hat, läßt sich besser verstehen, wenn man die Gesamtentwicklung betrachtet, also sich die verschiedenen Epochen, die es bisher gegeben hat, genauer anschaut.

Diese Epochen entsprechen auch den Entwicklungsphasen im Leben eines einzelnen Menschen.[12]

VII 1. a) Altsteinzeit

In der Altsteinzeit lebten die Menschen in Familien zusammen, die ca. ein Dutzend Menschen umfaßt haben. Man lebte als Teil der Natur in der Natur und war ganz im Hier und Jetzt.

Die Entsprechung in der Biographie ist die orale Phase, in der der Säugling alles annimmt, d.h. in seinen Mund steckt, was ihm gereicht wird.

Diese Phase ist durch ein schlichtes, umfassendes und undifferenziertes „Ja" geprägt.

Man orientiert sich daher an den Kontakten zu den anderen Menschen der eigenen Sippe – „an denen, die da sind".

Die Welt wird entsprechend einfach durch Assoziationen sortiert – was man mit jemandem erlebt hat, prägt das Verhältnis zu dem Betreffenden. Die grundlegende Unterscheidung ist die Frage „Wie nah?" Die geistige Grundlage der Handlungen ist das Prinzip „Kontakt bildet Verbindung".

Dieser Kontakt wird auch als Austausch von „Lebenskraft" erlebt, sodaß die Berührung auch ein wesentlicher Teil von Heilungen, Besänftigungen, Schutz und vielem anderem ist – „Kontakt-Magie". Dieser Lebenskraft-Kontakt ist auch zu Tieren und Pflanzen möglich. In einem solchen Weltbild ist Telepathie etwas Normales, denn „Kontakt schafft Verbindung".

Die Erlebnisse und Ansichten werden durch Bilder ausgedrückt (Höhlenmalerei, Statuetten, Totempfähle u.ä.).

Der Rückhalt liegt in den Eltern und später nach deren Tod in den Ahnen, also in den Eltern im Jenseits.

---

12 Eine ausführliche Darstellung der Epochen der Menschheit und der ihnen entsprechenden Entwicklungsphasen des einzelnen Menschen findet sich in meinem Buch „Die sieben Schritte des Lebens".

VII 1. b) Jungsteinzeit

In dieser Epoche lebten die Menschen in Sippen zusammen, die zu kleinen Dörfern anwuchsen. An die Stelle des Lebens als Teil der Natur war nun der Gegensatz von Acker/Weide und Wildnis getreten, also ein Kampf der Kultur gegen die Natur.

Dies entspricht dem „Nein!" des Kleinkindes in der analen Phase, in der es auch in dem Gegensatz von dem, was es will und was es nicht will, lebt.

Die Orientierung in der nun deutlich komplexer gewordenen Welt geschieht durch Vergleiche, d.h. durch Analogien, deren wesentliche Elemente die Mythen bilden. Die Zeit ist nicht mehr die grenzenlose Gegenwart im Hier und Jetzt wie in der Altsteinzeit, sondern der Zyklus, der sozusagen der zeitliche Aspekt der Analogien ist: jedes Jahr steht zu jedem anderen Jahr in Analogie.

Der Gleichnis-Logik entspricht auch die Handlungsweise, die man bei Heilungen, beim Ackerbau und vielen anderen Dingen anwendet: „Gleiches wirkt auf Gleiches". Im großen Stil ist dies der Kult, der durch die Darstellung des Erwünschten (z.B. eine gute Ernte) das Erwünschte herbeiruft. Die Grundlage für den Kult sind die Mythen, also die Essenz der gesamten Analogien einer Kultur.

Den Rückhalt findet man nun nicht mehr in den Eltern/Ahnen, sondern vor allem in den Göttern, die die „aktiven Essenzen" der Mythen sind. Historisch gesehen haben sich die Götter zum größten Teil aus den Ahnen entwickelt. Die Geborgenheit fand man jedoch nicht nur bei den Göttern selber, sondern auch in den Mythen, da diese zeigten, „wie die Dinge sind" und worauf man sich verlassen konnte.

In diesem Weltbild war man nicht nur mit den Menschen der eigenen Familie verbunden, sondern vor allem mit einer oder mehreren der Gottheiten, unter deren Schutz man sich stellte – wie u.a. die vielen Personennamen zeigen, die aus einem Gottesnamen und aus einem Geschenk dieser Gottheit bestehen (z.B.: altägyptisch „Sethnacht" = „Stärke des Gottes Seth" oder germanisch „Thorfast" = „Standfestigkeit des Gottes Thor").

VII 1. c) Königtum

In dieser Epoche lebten die Menschen als Volk zusammen, das als „Bewohner eines Reiches, das von einem König regiert wurde", definiert war.

In der individuellen Entwicklung entspricht diese Epoche der phallischen Phase, in der das Kind das „Ich!!!" entdeckt, das offenkundig dem König entspricht.

Sowohl der König als auch das Ich sind Zentrierungen. Von diesem Zentrum geht alle Macht aus. Daher wird das Ganze (Volk, Psyche) durch den Willen dieses Zentrums (König, Ich) mithilfe der von ihm festgelegten Prinzipien (Gesetz, Entschluß)

189

strukturiert und gelenkt. In dieser Epoche werden die größeren Zahlen (mehr als ein Dutzend), die Schrift und das Formular erfunden, um die Vielheit des Ganzen statistisch erfassen und dadurch besser lenken zu können.

Dieser Zentralismus findet sich auch in der Logik wieder. Auf die Assoziation der Altsteinzeit und die Analogie der Jungsteinzeit folgt nun die Philosophie: Von einer Ersten Ursache (die dem Willen des Königs und des Ichs entspricht) wird die Struktur und das Verhalten des Ganzen (Volk, Psyche) abgeleitet. Das Ganze (Volk, Psyche) findet seinen Halt in dem Zentrum: die Psyche im Ich, die Gemeinschaft im König, die Religion in dem Einen und Einzigen Gott und die Philosophie in der Ersten Ursache.

Der Wille des „Einen im Zentrum" (Gott, König, Ich) ist das Maß aller Dinge.

In der Weltanschauung stehen sich daher Gott und Mensch, Wille und Triebe, König und Untertan, Ewigkeit und Vergänglichkeit, Gesetz und Verbrechen, Tugend und Sünde usw. gegenüber: „Ich" und „Nicht-Ich".

Entsprechend wird der Halt bei Gott (Monotheismus), beim König (Treue) und bei dem eigenen Ich (Weltsicht des Buddha, Lao-tse, Konfu-tse, Jaina, Zarathustra, Pythagoras usw.) gesucht.

Die wesentliche Maxime des Verhaltens lautet „durch Identifizierung entsteht Wesensgleichheit".

Darauf beruht die Treue zum König, die Integration der Psyche, die mystische Einheit mit Gott und auch die Magie dieser Epoche, die stets mit der Identifizierung mit einer Gottheit („Invokation") beginnt.

Die Inhalte dieser Epoche werden als göttliche Offenbarung, als königliches Gesetz und als menschliche Selbsterkenntnis formuliert. Allen dreien gemeinsam ist die Herleitung von einem Grundprinzip, was bedeutet, das sie drei Varianten der Philosophie sind.

VII 1. d) Materialismus

In dieser Epoche leben verschiedene Völker zusammen, kämpfen gegeneinander, schließen Bündnisse und brechen sie auch wieder.

In der Biographie ist dies die genitale Phase, d.h. die Pubertät. Der Einzelne erprobt seine Kraft und seine Möglichkeiten, erobert sich einen Platz in der Welt und sucht nach einem Partner des anderen Geschlechtes. Diese Erforschung der Welt ist letzlich eine mit Mut vorgetragene Frage: „Du?"

Die Zeit wird nun das erste mal ausschließlich linear gesehen – in der Altsteinzeit war sie die Gegenwart, in der Jungsteinzeit ein Zyklus und im Königtum war die Zeit die Ewigkeit der Einheit (Gott) und die Vergänglichkeit der Vielheit (Welt).

Entsprechend der linearen Zeit werden kausale Verbindungen analysiert, wodurch zunächst die Wissenschaften entstanden und als Folge von ihnen die Technik und die Industrialisierung – Macht über die Welt. Die Weise, in der die Welt dargestellt wird, ist im Wesentlichen die Mathematik.

Durch die lineare und rein materialistische Blickweise dieser Epoche wird das Bewußtsein des Menschen das erste mal in seiner langen Geschichte als von allem isoliert aufgefaßt. Daraus ergibt sich ein existentialistischer Widerspruch zwischen dem Einzelnen und der Welt. Der Rückhalt liegt demzufolge nur in der eigenen Stärke – ein Kampf ums Überleben, der durch das Recht des Stärkeren geprägt ist.

VII 1. e) Neue Epoche

In dieser Epoche, die ca. 1960 begonnen hat, erleben die Menschen die Menschheit als Ganzes als ihre Gemeinschaft.

Dies entspricht der adulten Phase, also dem Erwachsenen, der sich um seine ganze Familie kümmert – er ruht im Vertrauen auf das Ganze und trägt die Verantwortung für das Ganze: „Wir."

Die Menschen denken in Systemen und betrachten Gesamtzusammenhänge und suchen nach dem „was funktioniert" – und zwar für das Ganze. Innerhalb dieses Weltbildes ist die Zeit ein Kontinuum, in dem man Vergangenheit, Gegenwart und Zukunft gleichermaßen in seine Betrachtungen und Handlungen miteinbezieht. Einer der wichtigsten Begriffe (und Impulse) ist die Integration, denn nur durch sie kann die Vielheit zu einem funktionierenden und alle fördernden Ganzen werden.

Die eigene Identität wird als Aspekt des Ganzen erlebt – man ist Teil des Ganzen und mit allem verbunden. Man lebt in Vertrauen, weil man von dem Ganzen getragen wird – und man lebt in Verantwortung, weil man das Ganze trägt.

Die Essenz dieser Weltsicht lautet „Alles wirkt auf Alles".

VII 1. f) Zusammenfassung der fünf Epochen

Die Merkmale dieser fünf Epochen sind in der folgenden Tabelle noch einmal zusammengefaßt worden:

Merkmale der fünf Epochen

Merkmale	die fünf Epochen				
	Altsteinzeit	*Jung-steinzeit*	*Königtum*	*Materialis-mus*	*Neue Epoche*
Gemeinschaft	Familie	Sippe	Volk	Völker	Menschheit
Orientierung	in der Natur	Kultur – Wildnis	Eigenes – Fremdes	Machbarkeit	Erhaltung
Alter	Säugling	Kleinkind	Kind	Pubertierender	Erwachsener
Biographie-Entsprechung	orale Phase	anale Phase	phallische Phase	genitale Phase	adulte Phase
Essenz	Ja	Nein!	Ich!!!	Du?	Wir.
Betrachtung von:	Bezügen	Gleich-nissen	Identitäten	raumzeitlichen Entwicklungen	Systemen
Logik	Assoziation	Analogie	Philosophie	Wissenschaft	Funktionalität
Verfahren	wie nah?	Vergleich	Zentrierung	Analyse	Integration
Prinzip	„Kontakt bildet Verbindung"	„Gleiches wirkt auf Gleiches"	„Durch Identifizierung entsteht Wesensgleichheit"	„Kausalität"	„alles wirkt auf alles"
Zeit	Gegenwart	Zyklen	Ewigkeit der Einheit – Vergänglichkeit der Vielheit	lineare Zeit	Raum-Zeit-Kontinuum
Darstellung	Bild	Gleichnis	Prinzip	Mathematik	Gesamtdarstellung
praktische Anwendung	Lebenskraft-Magie	Analogie-Magie	Mystik	Technik und Industrie	Erhaltung der Menschheit
Rückhalt	Eltern/Ahnen	Götter	Gott	Kausalität	Menschheit/Welt
	Urvertrauen, Wahrneh-mung	in Mythen geborgen	in Gott ruhen	existentialistischen Widerspruch bejahen	Teil des Ganzen sein: Vertrauen und Verantwortung
Bewußtsein erweitern auf:	Mensch/Tier/Pflanze	Gottheiten	Gott	das Bewußtsein des Einzelnen ist isoliert	Menschheit/Welt

VII 1. g) Zukunft

Es ist abzusehen, daß es in der Zukunft noch zwei weitere Epochen geben wird:

- Die erste von ihnen entspricht dem älteren Menschen, dessen Kinder erwachsen geworden sind und der nun neue Dinge kennenlernt, Reisen unternimmt, seinen Hobbys nachgeht und anderen seine Erfahrungen und Kenntnisse lehrt. Dies ist die „tutorale Phase".
Hier entsteht eine größere Freiheit.
Man kann diese Phase als „Anderes ..." zusammenfassen.

- Die zweite zukünftige Phase entspricht dem alten Menschen, der sich zurückzieht, die Stille und die Natur schätzt und der weise geworden ist. Er erkennt die Endlichkeit seines Lebens und kann anderen eine große Hilfe sein. Dies ist die „geronte Phase".
Hier entsteht die Erkenntnis der Einheit, aus der heraus die Vielheit entsteht.
Man kann diese Phase als „Alles" zusammenfassen.

Die sieben Phasen haben eine klare innere Logik, die sich in drei Entwicklungsschritte gliedern läßt:

- Säugling: „Ja"
- Kleinkind: „Nein!"
- Kind: „Ich!!!"

- Kind: „Ich!!!"
- Jugendlicher: „Du?"
- Erwachsener: „Wir."

- Erwachsener: „Wir."
- älterer Mensch: „Anderes ..."
- alter Mensch: „Alles"

Zur Zeit befindet sich die Menschheit nach der ihrer Materialismus-Pubertät am Beginn des Erwachsenwerdens – was ja erfahrungsgemäß auch in der Entwicklung eines einzelnen Menschen keine einfache Zeit ist ...

VII 2. Die 5. Epoche

Die Epoche, an deren Anfang wir uns heute befinden, ist eine Analogie zu dem Erwachsenwerden des Einzelnen, zu dem das Gründen einer Familie und der Blick auf das Ganze gehören. Es ist die Epoche der Elternschaft.

Diese Haltung ist durch Vertrauen und Verantwortung geprägt: in Vertrauen von dem Ganzen getragen werden und in Verantwortung das Ganze tragen.

Der Blick auf das Ganze erfordert auch eine neue „Geschichte", die das Leben insgesamt in dieser Epoche beschreibt:

> - Die Erzählung des Kampfes der Guten (= ich, wir, Gott) gegen die Bösen (= der andere, die anderen, Teufel) funktioniert nicht mehr, wenn alle Teil eines Ganzen sind – diese Geschichte würde nur die Menschheit zerstören. Diese Geschichten enden in der Regel mit dem Sieg des Guten und dem Tod des Bösen.

> - Stattdessen wird eine Geschichte gebraucht, in der das Streben nach dem Wohlergehen der Menschheit als Ganzes im Vordergrund steht. In dieser Geschichte sind alle Teile eines Ganzen. Daher geht es nicht mehr um den Kampf gegen die Bösen, sondern um die Suche nach einem Verhalten und einer Übereinkunft, mit der alle gemeinsam leben können. Dies wird dann die Geschichte einer „Weiterentwicklung des Systems".

Auf dem Lebensbaum entspricht diese Epoche Da'ath, also dem schon mehrfach erwähnten Prinzip der Abgrenzungslosigkeit.[13]

Es ist recht wahrscheinlich, daß in dieser Epoche die Götter wieder eine größere Rolle spielen werden, da sie Grundprinzipien darstellen und Bilder sind, die von ihrer Qualität her eindeutig und von ihrem Ausmaß her grenzenlos sind und daher Da'ath entsprechen.

Man kann annehmen, daß in dieser Epoche die Magie und die Religion zusammen mit den Naturwissenschaften zu einem einheitlichen, umfassenden Weltbild integriert werden. Das bedeutet u.a. auch, daß Bewußtsein und Materie als gleichberechtigte und gleich reale Bestandteile der Welt angesehen werden – das ist der Hauptpunkt, der in diesem Buch betrachtet wird.

Daher wird auch die Magie in ihren vielen Varianten sehr wahrscheinlich wieder ein

---

13 Entwicklung vom Primaten zum Menschen = Malkuth; Altsteinzeit = Yesod; Jungsteinzeit = Hod/Netzach; Königtum = Tiphareth; Materialismus = Geburah/Chesed; heutige Epoche = Da'ath; Zukunft I = Binah/Chokmah; Zukunft II = Kether. Eine ausführlichere Darstellung findet sich in meinem Buch „Die sieben Schritte des Lebens".

Bestandteil des allgemeinen Weltbildes werden. Ansätze dazu finden sich ja schon im positiven Denken, in der Homöopathie, in den Bachblüten, in der Renaissance der Astrologie, in dem verstärkten Interesse an Yoga und den verschiedensten Religionen und Weisheitslehren, und schließlich auch ganz konkret an dem ständig wachsenden Interesse an Telepathie, Telekinese und Magie ganz allgemein.

VII 3. Neue Verhaltensweisen

Mittlerweile gibt es ja sogar schon Redensarten wie „die Welt ist ein Dorf" oder Leitsätze wie „global denken, lokal handeln", die zeigen, daß die neue Sichtweise der „Eltern der Erde" allmählich Gestalt annimmt.

Auch das verstärkte Interesse an alternativen Lebensweisen, an alten Kulturen, an den verschiedensten religiösen Systemen macht deutlich, daß derzeit eine neue Sichtweise in Form einer Graswurzel-Revolution entsteht, d.h. das von sehr vielen Menschen sehr viele kleine Puzzlesteinchen entdeckt werden, die dann zu einem komplexen, neuen Weltbild zusammengesetzt werden. Dies geschieht meistens im Alltag und nicht im akademischen Diskurs – aber mit den verschiedenen „grünen" Parteien hat dieses Gedankengut längst auch die Politik und teilweise sogar schon den Unterricht an den Schulen erreicht. Auch die Familienaufstellungen sind eine magische Methode – sie sind eine komplexe Form der Telepathie, die aus den afrikanischen Ahnenkulten stammt.

Die Kombination von Magie und Kausalität ist zwar bislang noch nicht allzuweit fortgeschritten, aber immerhin sind Telepathie, Telekinese, Astrologie, Orakel, Meditation, Magie u.ä. zunehmend salonfähiger geworden – um 1965 herum mußte man noch lange suchen, um jemanden zu finden, der überhaupt gewußt hat, was das Wort „Telepathie" bedeutet.

Vermutlich wird die Magie nach und nach zu einer ganz normalen Methode werden, mit der man Alltagsprobleme bewältigen kann: die Ursache eine Krankheit erforschen und sie heilen, eine passende Wohnung finden, einen verlorenen Schlüssel wiederfinden, seinen Freundeskreis vermehren, die Sexualität intensiver erleben, mithilfe des eigenen Horoskops den eigenen Lebensstil besser verstehen können, die grundlose innere Freude hervorrufen können, die eigene Seele kennenlernen und dadurch sich selber und sein eigenes Lebensthema verstehen, das eigene Krafttier und die eigene Kraftpflanze und den eigenen Kraftstein erkennen und dadurch bewußt drei Verbündete um Hilfe bitten können … die Liste der Anwendungsmöglichkeiten ist fast endlos …

Bücher von Harry Eilenstein

„Magie für Anfänger"

- Telepathie für Anfänger (60 S.)
- Telepathie für Fortgeschrittene (52 S.)
- Telekinese für Anfänger (52 S.)
- Lebenskraft für Anfänger (60 S.)
- Meditation für Anfänger (56 S.)
- Kundalini für Anfänger (100 S.)
- Hypnose für Anfänger (56 S.)
- Auto-Movement für Anfänger (56 S.)
- Chakra-Magie für Anfänger (148 S.)
- Astralreisen für Anfänger (56 S.)
- Astrologie für Anfänger (120 S.)
- Ritual-Magie für Anfänger (56 S.)
- Mandalas für Anfänger (68 S.)
- Geldzauber für Anfänger (56 S.)
- Liebeszauber für Anfänger (52 S.)
- Invokationen für Anfänger (52 S.)
- Evokationen für Anfänger (60 S.)
- Elfen für Anfänger (56 S.)
- Magie-Forschung für Anfänger (140 S.)
- Selbsterkenntnis für Anfänger (52 S.)
- Zahlensymbolik für Anfänger (60 S.)
- Die Sprache des Mondes – für Anfänger (116 S.)
- Zaubergesänge für Anfänger (100 S.)
- Zukunftschau für Anfänger (60 S.)
- Schamanismus für Anfänger (52 S.)
- Magische Gegenstände für Anfänger (68 S.)
- Da'ath-Magie für Anfänger (64 S.)
- Kornkreise für Anfänger (348 S.)
- Feng Shui für Anfänger (96 S.)
- Magie für Anfänger – Sammelband I (696 S.)
- Magie für Anfänger – Sammelband II (664 S.)
- Magie für Anfänger – Sammelband III (580 S.)

„Traumreisen"

- Traumreisen zu Heilpflanzen (700 S.)

Magie

- Handbuch für Zauberlehrlinge (408 S.)
- Tarot (104 S.)
- Physik und Magie (184 S.)
- Die Synthese von Physik und Magie (200S.)
- Die Magie-Formel (156 S.)
- Krafttiere – Tiergöttinnen – Tiertänze (112 S.)
- Schwitzhütten (524 S.)
- Mythen und Magie der Harfe (116 S.)

Meditation

- Der Lebenskraftkörper (230 S.)
- Die Chakren (100 S.)
- Das Chakren-System mit den Nebenchakren (296 S.)
- Organe und Chakren (64 S.)
- Die platonischen Körper in den Chakren (156 S.)
- Meditation (140 S.)
- Drachenfeuer (124 S.)
- Kundalini I (676 S.)
- Reinkarnation (156 S.)
- einsgerichtet (140 S.)

Astrologie

- Astrologie (496 S.)
- Photo-Astrologie (428 S.)
- Die astrologischen Aspekte (88 S.)
- Horoskop und Seele (120 S.)

Kabbala

- Kursus der praktischen Kabbala (150 S.)
- Eltern der Erde (450 S.)
- Blüten des Lebensbaumes:
  - Die Struktur des kabbalistischen Lebensbaumes (370 S.)
  - Der kabbalistische Lebensbaum als Forschungshilfsmittel (580 S.)
  - Der kabbalistische Lebensbaum als spirituelle Landkarte (520 S.)

Bücher von Harry Eilenstein

Religion allgemein

- Die sieben Schritte des Lebens (428 S.)
- Muttergöttin und Schamanen (168 S.)
- Göbekli Tepe (472 S.)
- Die Göttin von Göbekli Tepe (144 S.)
- Totempfähle (440 S.)
- Christus (60 S.)
- Dakini (80 S.)
- Vajra (76 S.)

Ägypten

- Hathor und Re 1: Götter und Mythen im Alten Ägypten (432 S.)
- Hathor und Re 2: Die altägyptische Religion – Ursprünge, Kult und Magie (396 S.)
- Isis (508 S.)

Indogermanen

- Die Entwicklung der indogermanischen Religionen (700 S.)
- Wurzeln und Zweige der indogermanischen Religion (224 S.)

Germanen

- Die Götter der Germanen (87 Bände – siehe nächste Seite)
- Odin (300 S.)

Kelten

- Cernunnos (690 S.)
- Taliesin (228 S.)
- Der Kessel von Gundestrup (220 S.)
- Der Chiemsee-Kessel (76)

Psychologie

- Über die Freude (100 S.)
- Das Geheimnis des inneren Friedens (252 S.)
- Das Beziehungsmandala (52 S.)
- Gefühle und ihre Verwandlungen (404 S.)
- einsgerichtet (140 S.)
- Liebe und Eigenständigkeit (216 S.)
- Von innerer Fülle zu äußerem Gedeihen (52 S.)

Heilung

- Die Symbolik der Krankheiten (76 S.)

Kunst

- Herz des Tanzes – Tanz des Herzens (160 S.)

Drama

- König Athelstan (104 S.)

198

Die Themen der 87 Bände der Reihe „Die Götter der Germanen"

1. Die Entwicklung der germanischen Religion
2. Lexikon der germanischen Religion
3. Der ursprüngliche Göttervater Tyr
4. Tyr in der Unterwelt: der Schmied Wieland
5. Tyr in der Unterwelt: der Riesenkönig   Teil 1
6. Tyr in der Unterwelt: der Riesenkönig   Teil 2
7. Tyr in der Unterwelt: der Zwergenkönig
8. Der Himmelswächter Heimdall
9. Der Sommergott Baldur
10. Der Meeresgott: Ägir, Hler und Njörd
11. Der Eibengott Ullr
12. Die Zwillingsgötter Alcis
13. Der neue Göttervater Odin   Teil 1
14. Der neue Göttervater Odin   Teil 2
15. Der Fruchtbarkeitsgott Freyr
16. Der Chaos-Gott Loki
17. Der Donnergott Thor
18. Der Priestergott Hönir
19. Die Göttersöhne
20. Die unbekannteren Götter
21. Die Göttermutter Frigg
22. Die Liebesgöttin: Freya und Menglöd
23. Die Erdgöttinnen
24. Die Korngöttin Sif
25. Die Apfel-Göttin Idun
26. Die Hügelgrab-Jenseitsgöttin Hel
27. Die Meeres-Jenseitsgöttin Ran
28. Die unbekannteren Jenseitsgöttinnen
29. Die unbekannteren Göttinnen
30. Die Nornen
31. Die Walküren
32. Die Zwerge
33. Der Urriese Ymir
34. Die Riesen
35. Die Riesinnen
36. Mythologische Wesen
37. Mythologische Priester und Priesterinnen
38. Sigurd/Siegfried
39. Helden und Göttersöhne
40. Die Symbolik der Vögel und Insekten
41. Die Symbolik der Schlangen, Drachen und Ungeheuer
42.a Die Symbolik der Herdentiere I
42.b Die Symbolik der Herdentiere II
43. Die Symbolik der Raubtiere

44. Die Symbolik der Wassertiere und sonstigen Tiere
45. Die Symbolik der Pflanzen
46. Die Symbolik der Farben
47. Die Symbolik der Zahlen
48. Die Symbolik von Sonne, Mond und Sternen
49.a Das Jenseits I – Das Hügelgrab
49.b Das Jenseits II – Der Jenseitsweg
50. Seelenvogel, Utiseta und Einweihung
51. Wiederzeugung und Wiedergeburt
52. Elemente der Kosmologie
53. Der Weltenbaum
54. Die Symbolik der Himmelsrichtungen und der Jahreszeiten
55.a Mythologische Motive I
55.b Mythologische Motive II
56. Der Tempel
57. Die Einrichtung des Tempels
58. Priesterin – Seherin – Zauberin – Hexe
59. Priester – Seher – Zauberer
60. Rituelle Kleidung und Schmuck
61. Skalden und Skaldinnen
62 Kriegerinnen und Ekstase-Krieger
63. Die Symbolik der Körperteile
64.a Magie und Ritual I
64.b Magie und Ritual II
64.c Magie und Ritual III
65. Gestaltwandlungen
66.a Magische Angriffs-Waffen
66.b Magische Verteidigungs-Waffen
67. Magische Werkzeuge und Gegenstände
68. Zaubersprüche
69. Göttermet
70. Zaubertränke
71. Träume, Omen und Orakel
72. Runen
73. Sozial-religiöse Rituale
74. Weisheiten und Sprichworte
75. Kenningar
76. Rätsel
77. Die vollständige Edda des Snorri Sturluson
78. Frühe Skaldenlieder
79.a Mythologische Sagas I
79.b Mythologische Sagas II
80. Hymnen an die germanischen Götter

199